無限大の成果を生み出す
4つの自己投資術

レバレッジ・シンキング

Leverage Thinking

本田直之
Honda Naoyuki

東洋経済新報社

はじめに

一生懸命に働いているのに、成果が上がらないのはどうしてでしょう。長い時間、努力をしているのに、成果が上がらないのはなぜでしょう。

一方で、人の何倍も仕事をこなし、時間的にも精神的にも余裕を持ちながら、大きな成果を上げて、高い収入を得ている人たちがいます。

あるいは、こんなことを見たり経験したことはありませんか。大学受験のときに、高校一年生のときからコツコツ勉強していた人が志望校に合格できず、逆に成績も悪く遊んでばかりで勉強をしていなかった人が、高校三年生になって急に勉強を始め、志望校に合格したりする。

この違いはいったいどこから来るのでしょうか。

その違いの原因は、すべて「考え方」にあります。

この考え方は、「労力」「時間」「知識」「人脈」という四分野に自己投資し、パーソナルキャピタル（自分資産）を構築し、レバレッジ（てこの原理）をかけて、不労所得的に成果を上げ、“Doing more with less”（少ない労力と時間で大きな成果を獲得する。以下

「ＤＭＷＬ」と記します）を実現することです。

従来の考え方は、「労力・時間１に対して成果が１上がる」というものがベースにあり、成果を上げようと思うと莫大な時間・労力が必要になり、仕事に追われるハードワーカーという人生になってしまいます。

しかし、レバレッジ・シンキングでは、「労力・時間１に対して成果は無限大」にまで高めることが可能になります。そして、さらに不労所得的なリターンを得ることができ、労働時間や労力が半分になっても、収入が倍になるといったことが可能になるのです。

ここまで読み進んで、そんなことは絶対に無理という思う人もいるでしょう。

しかし、行動自体を変えるのは難しいのに対して、考え方を変えるのは簡単なのです。しかも実際の投資のように大きな資本もかからず、ノーリスクです。

わたしは『レバレッジ・リーディング――１００倍の利益を稼ぎ出すビジネス書「多読」のすすめ』（東洋経済新報社）と、『レバレッジ時間術――ノーリスク・ハイリターンの成功原則』（幻冬舎新書）いう本を書きましたが、これはパーソナルキャピタルの「知識」と「時間」の部分にレバレッジをかけるノウハウでした。

これから紹介する「レバレッジ・シンキング」は、それらすべての上位概念となるもので、レバレッジのベースの考え方をより詳しく説明するとともに、DMWL実現のためのノウハウをお伝えします。すでに前著を読まれた方々も、本書を読んだうえでさらに読み直していただくと、よりベースの考え方を理解でき、実践がしやすいものになると思います。もちろん、わたしの著作に接するのが初めてという方で、さらに詳しく知りたいと思われたら、ぜひ右記二冊をお読みいただければと思います。

また、巻末にはレバレッジ・シンキングをより発展させるために、一二冊のおすすめのブックリストと五〇項目の行動のチェックリストを掲載しましたので、参考にしていただければ幸いです。

わたし自身はそもそも面倒くさがりで、何事も遠回りすることが嫌いでした。わたしは二〇年ほど前から常に意識して近道を徹底的に探した結果、このレバレッジ・シンキングのベースが完成し、今日に至るまでこの手法を実践してきました。

このノウハウは、難しいことをせず、誰にでもすぐ実践できる、シンプルな方法論です。どちらかというと、勤勉でコツコツ地道に続けられる方よりも、わたしと同じように、面倒くさがりやだったり、怠け癖があったり、長続きしない人にとってのおすすめの方法ではないかと思います。

わたしで実践できたのですから、みなさんもきっとうまく実践できるはずです。

本書を手に取ってくださった方が、少ない労力でより多くの成果を得るための何らかのヒントを見つけていただければ、著者としてこんなに嬉しいことはありません。

レバレッジコンサルティング株式会社　代表取締役兼ＣＥＯ

本田直之

レバレッジ・シンキング　目次

第2章

労力のレバレッジ

編集協力：橋本淳司
カバーデザイン：渡邊民人（タイプフェイス）
本文レイアウト・ＤＴＰ：松好那名（タイプフェイス）
写真撮影：尾形文繁
ステーショナリーコーディネート：土橋正

Leverage Thinking

第1章

常に レバレッジを 意識せよ

人生から何を得るかを問い、
得られる物は自らが投じた物によることを
知ったとき、人は人として成熟する。

――――――――ピーター・ドラッカー
『断絶の時代』

理想的な一日にしようとしないなら、
誰か他人に振り回される。
――――――――マジョリー・ブランチャード

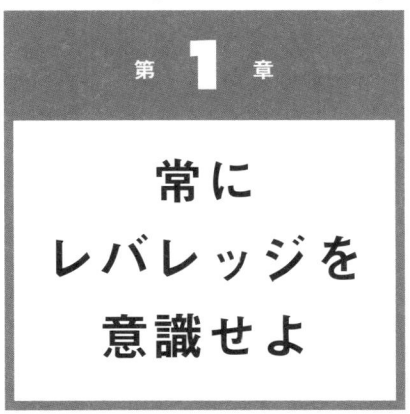

トレーニング不足のビジネスパーソン

社会環境が大きく変わり、これまで常識と考えられていた終身雇用制、年功序列、退職金制度、年金制度などはほぼ崩壊してしまいました。

遅くとも二〇三〇年には、年金の恩恵を受けられるのは七〇歳代半ばからになり、支給額も少なくなりそうです。二〇三〇年というと、現在三〇歳代、四〇歳代の人は、確実にこの波に呑み込まれることになります。それは、七〇歳代半ばまで働き続けなくてはならないということを意味します。

また、会社の寿命が労働年数よりも短くなり、一人が複数の会社で働くことは当たり前になりました。そうした中で、私たちは自らのバリューを高めていかなくてはなりません。

その一方で、ホワイトカラーの生産性の低さという問題もあります。

日本の労働生産性（就業者一人が、一年間にどれだけの付加価値を生み出したかを示す指標）は、二〇〇五年の時点で、主要国の最低水準という内閣府の分析があります。米国を一〇〇％とすると、日本は七一％で、ユーロ圏の八七％、ＯＥＣＤ加盟国の平均である七五％をも下回りました。製造業の生産性だけに注目すると日本は上位にランキングされ

■ **プロスポーツ選手とビジネスパーソンの時間投資**

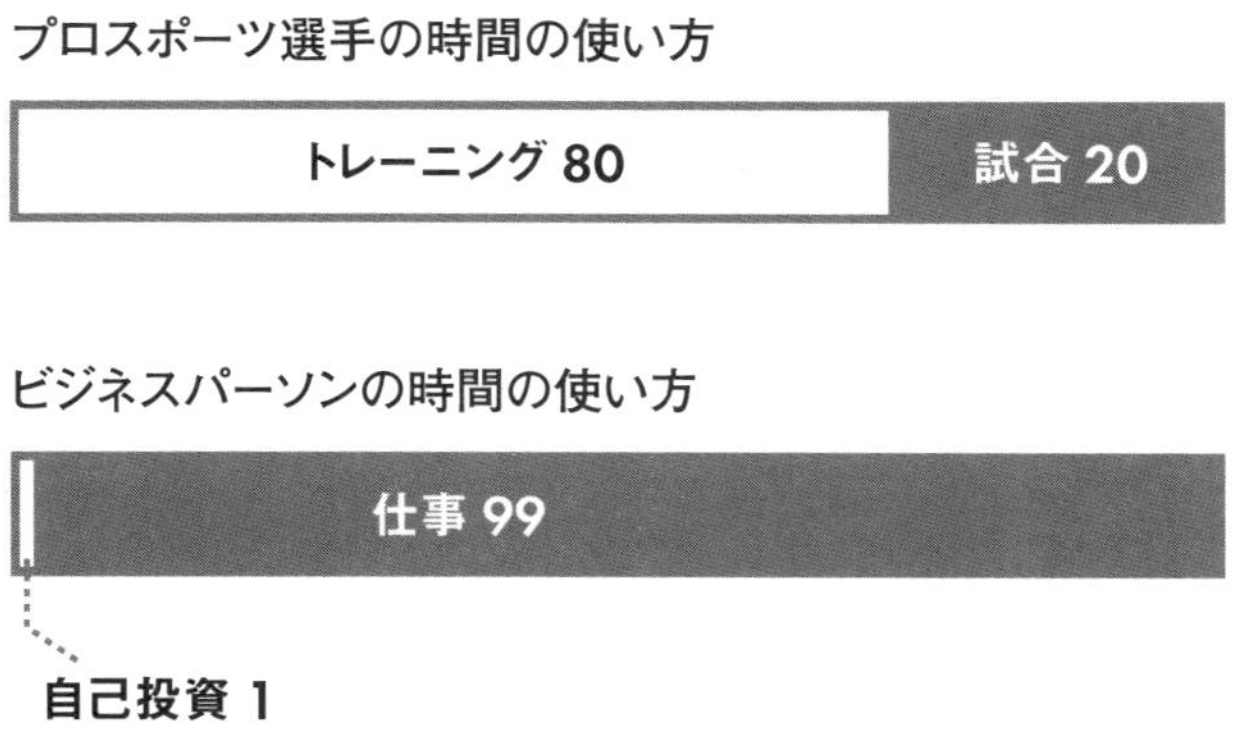

るので、ホワイトカラーの生産性が著しく低いということです。

それはホワイトカラーが生産性を向上させる努力を怠っているともいえます。

二〇〇一年の総務省統計局の社会生活基本調査によると、三〇〜五〇歳代のビジネスパーソンが一日のうちに、「学習・研究」「スポーツ」「交際・つきあい」に費やす時間は四〇分足らず。学習・研究だけに注目すると、わずか一〇分程度というさびしい数字になっています。

学習・研究はビジネスパーソンにとってのトレーニングといえるでしょう。プロスポーツ選手の場合、トレーニングと試合に費やす時間の割合は「四対一」程度といわれています。ところが、ビジネスパーソンは、「学習・研究」の時間が一日一〇分であるにもかかわらず、毎日一〇時間程度は仕事をしているのですから、学習・研究（トレーニング）と仕事（試合）に費やす時間の割合は、「一対六〇」程度になります。

これは、明らかに練習が足りない状況で試合に臨んでいることになります。この状況では、労働生産性を高めていくのは難しいでしょう。

逆にいうと、**競争が激しいスポーツでトップクラス入りするのは、とても大変ですが、多くのビジネスパーソンが練習不足なのですから、少しでも練習すれば頭一つどころか、かなり抜け出すことが可能になるのです。**ビジネスでうまくいっている人は、スポーツ選手のように絶えずトレーニング＝自己投資をしているのです。

なぜあなたの成果が上がらないのか

一生懸命に働いているのに、成果が上がらないのはどうしてでしょう。長い時間、努力をしているのに、成果が上がらないのはなぜでしょう。成果が上がらないうえに、仕事に追われ、収入も上がらず、ストレスフルな日常を送っている人は、とても多いのではないでしょうか。

しかし、その一方で、時間的にも精神的にも余裕を持って仕事をしながら、大きな成果を上げて、高い収入を得ている人たちがいます。

彼らはどんなやり方で仕事をしているのでしょうか。そして、この違いはいったいどこから来るのでしょうか。

その違いの原因は、すべて「考え方」にあります。あなたの考え方を根本的に変える必要があるのです。これがレバレッジ・シンキングで、その目指すところは、**「労力」「時間」「知識」「人脈」にレバレッジ（てこの原理）をかけ、“Doing more with less”（少ない労力と時間で大きな成果を獲得する。以下「DMWL」と記します）を実現するというものです。**

こうした名称は使ってはいないでしょうが、ビジネスで成功しているいろいろな人を見ていると、こうした考え方を常に意識しているという共通点があります。

「労力・時間1に対して成果が1上がる」という従来の考えで働いても、大きな成果は上がりません。成果を上げようと思うと莫大な労力・時間が必要になり、仕事に追われる人生になってしまいます。

同じ労力と時間をかけても成果は違います。会社を例に考えてみましょう。

売上一〇〇〇億円、利益三億円のA社と、売上五億円、利益三億円のB社では、どちらが優れているでしょうか。Ａ社の利益率は〇・三％、一方のＢ社の利益率は六〇％で、利益率からＢ社のほうが優れている会社であると判断されます。

Ａ社のような会社は、総じて社員数が多く、オフィススペースが広く、管理体制も厚く、意思決定に時間がかかります。反対にＢ社のような会社は、全体にコンパクトで、スピード経営を実現しているところが多い。

つまり、Ａ社は時間と労力をかけているわりに成果が少なく、Ｂ社は少ない時間と労力で大きな成果を得ています。Ｂ社のほうが効率良く仕事をしているのです。

では、効率はどうしたら上がるでしょうか。同じ仕事を繰り返していれば、効率良く仕事ができるようになるでしょうか。

答えはＮＯです。同じ仕事を繰り返していても効率が良くなることはありません。

そこで発想の転換が必要になってきます。

一の労力・時間を費やして一の成果を上げるのと、一の労力・時間を費やしてより多くの成果を上げるのとでは、どちらが良いでしょうか。ふつうに考えれば、後者を望むのではないでしょうか。

レバレッジという考え方

このDMWLを実現していくには、本書でこれから紹介する「レバレッジ・シンキング」という思考法を身につける必要があります。

まずは、レバレッジという考え方について説明しましょう。

レバレッジ（leverage）とは、英語で「てこ」の働きのことを指しています。「てこ」を使うと、少しの力を加えただけなのに、重いものを軽々と持ち上げることができます。

「てこの原理」を解明した古代ギリシアの数学者アルキメデスは、「われに支点を与えよ。そうすれば、地球を動かしてみよう」という名言を残しています。足場を与えてくれたら、てこの原理によって地球を動かしてみせようというのです。

レバレッジ・シンキングは自己投資をすることで、この「てこ」の力をビジネスに用いる方法です。

投資とは、何かを事前に差し出すことによってリターンを得ることです。本書ですすめる自己投資は、日々仕事に追われる生活の中で、いったん立ち止まって自分自身に懸けてみるのです。

■ レバレッジ・シンキングで成果はこれだけ変わる

	労力・時間	成果
従来の仕事のやり方	1	1
レバレッジ・シンキングに基づく仕事のやり方	1	∞

しかも、実際の投資は時間や金銭がないとできないと思われるかもしれませんが、レバレッジ・シンキングでいう投資は、考え方を変えることがベースにあります。つまり、**意欲さえあれば誰にでも簡単にできるのです。**

この考え方によって、労力・時間と成果の関係は大きく変わります。レバレッジ・シンキングを身につける前は、成果や収入を1としたときに、労力・時間も同等にかかっていました。

「従来の仕事のやり方」
労力・時間：成果＝1：1

一方、レバレッジ・シンキングを身につけるとどうでしょうか。**自己投資によって、「パーソナルキャピタル（自分資産）」を構築することがで**

き、これにレバレッジがかかることで、不労所得的に成果が上がっていきます。つまり、費やした労力・時間1に対し、成果を無限大にまで引き上げることができるようになります。

「レバレッジ・シンキングに基づく仕事のやり方」　労力・時間：成果＝1：∞

四つのパーソナルキャピタルを構築する

スポーツ選手が試合に勝つためのトレーニングのように、ビジネスパーソンが仕事で成果を上げるよう、自己投資することで、「**労力資産**」「**時間資産**」「**知識資産**」「**人脈資産**」となっていきます。これらをパーソナルキャピタルと呼びます。

投資によってパーソナルキャピタルを構築し、それにレバレッジがかかって、成果を生み出していくのです。

この四つの対象への自己投資の内容と方法は第2章以降で詳しく紹介していきますが、自己投資とはスポーツにたとえると、トレーニングのようなものです。一流のスポーツ選手ほど、日々のトレーニングを欠かしません。練習で身につけたスキルを実戦で用いるこ

■ レバレッジ・シンキングとは

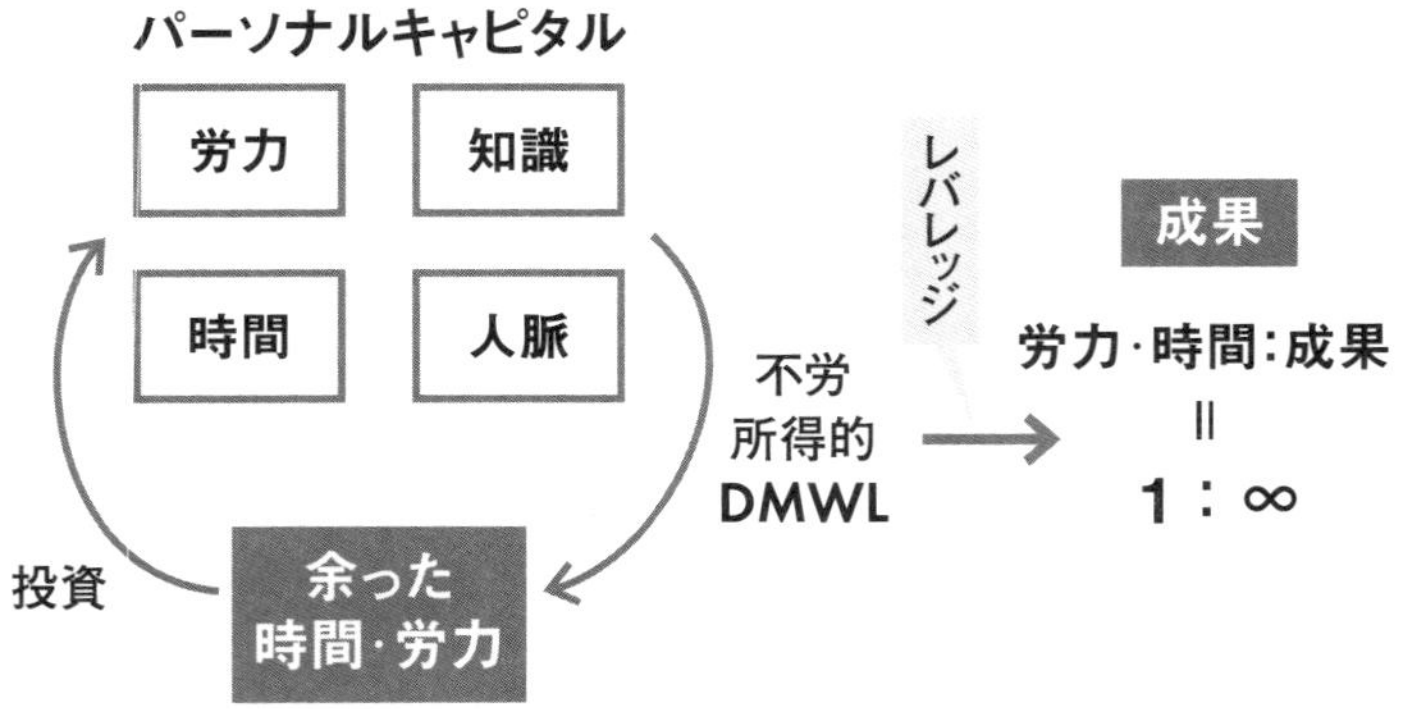

とにより、さらにレベルアップを図るという繰り返しです。

しかし、**日々の仕事で忙しく、成果を上げられていない人は、資産として体系的に構築していくという意識を持っていません。**

逆に言うと、**資産をつくらないから、日々に追われてしまうことになるのです。**

パーソナルキャピタルが増えると、不労所得的なリターンが出ることで、ＤＭＷＬが実現できるようになります。パーソナルキャピタルは増えれば増えるほど、レバレッジがかかって、資産が成果を生んでくれます。それに**再投資をすることで、さらにプラスのスパイラルができあがります。**

時間を例にとると、余った時間の使い方は自由です。余暇に使ってもよいでしょう。しかし、余った時間を再投資することによって、さらにパーソナルキャピタルとしての時間は増え、リターンも増えていきます。

これは銀行預金にたとえると複利のようなものです。利回りには、元本にのみ利息がつく「単利」と、元本＋利息に対して利息がついていく「複利」があります。

日本マクドナルドの創業者である藤田田さんは、三〇年間、毎月一〇万円ずつ定期預金に預けていたそうです（『Den Fujitaの商法③　金持ちラッパの吹き方』ベストセラーズ）。

毎月一〇万円ずつ貯めるとすると、年間一二〇万円、三〇年間で三六〇〇万円です。しかし、藤田さんは複利で運用したため、約一億二〇〇〇万円になっていました。

ビジネスパーソンが一億円を貯めるのは大変そうに感じますが、月々一〇万円の貯蓄を三〇年間続ければ、一億円を貯めるのは夢ではないと藤田さんが語っています。それほど複利はすごいものです。

その反対に、自己投資をせずに日々の仕事に追われる人は、いわば普通預金のようなイメージです。これはほとんどゼロ金利のような状態です。複利の人との差は時間が経つにつれて、歴然としたものになっていきます。

このように、**パーソナルキャピタルは再投資によって加速度的に増えていきます**。最初は労力・時間1に対して成果1だったものが、1対10となり、余裕が出てきて再投資によ

■レバレッジ・シンキングで実現すること

時間 ↘	収入 ↗
労力 ↘	成果 ↗

って、どんどん増えていきます。

さらに再投資を繰り返していくことで、収入や成果が上がってきます。**自分が実際に働いていなくても、あたかも不労所得を得るかのように、労力や時間がゼロに近づいていきます。**

パーソナルキャピタルを増やし、これにレバレッジをかける。少ない労力と時間で大きな成果を獲得する。これがレバレッジ・シンキングの基本的な考え方なのです。

しかし、注意してほしいのは、パーソナルキャピタルへの投資は誰でもできるのに対して、時代の流れによっては、負債にもなっていく可能性があるということです。

たとえば、年功序列・終身雇用という会社システムが維持され、退職金がきちんと出ていた時代に、残業時間や愛社精神といったプラスのパーソナルキャピタルと考えられていたものは、今ではマイナスのパーソナルキャピタルになりました。

また、かつては重宝された技術も、時代の変化によって無価値になっています。たとえば、タイプライターを扱う技術、切り貼りしてDMや広告を制作する技術などです。

今後日本でもM&Aによって自分の勤務する会社の経営陣が変わる、外資に変わるというケースが増えてくるでしょう。そうなると自社の中でのみ通用するようなパーソナルキャピタルづくりは危険です。これまで英語が全く必要でなかった会社が、外資に買収されたことによって、英語が最重要パーソナルキャピタルになるというケースもあるでしょう。

パーソナルキャピタルを形成する場合には、それが時代のニーズに合っているかどうかを見極めることが重要です。

DMWLを常に意識せよ

レバレッジ・シンキングは全く難しいものではありません。考え方を変えるだけなので、誰でも今すぐに実行することができます。

レバレッジ・シンキングを行ううえで最も大切なことが、DMWLを常に意識することです。

そこで、わたしは名刺の裏に“Doing more with less”と印刷したり、“Doing more

■ DMWLを常に意識する

with less"シールをつくって、オフィスやノートパソコンなど、目につきやすいところに貼っています。そして、常に少ない労力で大きな成果を得ているのかということを自分に対して問いかけています。

ただし、DMWLについて、誤解してほしくない点が二つあります。

一つは、少ない労力がいいというと、楽をすることだけを考えてしまう人がいるということです。**DMWLは手を抜くとか、単純に楽をすることではありません。**

八時間かかっていた仕事が一時間でできるようになったから、毎日一時間しか働かなくてよいということではありません。今まで八時間かけていた一の成果を一時間で上げられたわけで、一の成果で止まってしまったら、それ以上の成長はありません。「仕事が終わったからあとは家に帰って寝ています」という考えでは、何も生み出しません。

一時間で一の成果を上げられるようになったら、八時間仕事をすれば八倍の成果が上がります。そう考えてほしいのです。

二点目は、パーソナルキャピタルを増やすには、一定量の仕事経験が必要になるということです。新入社員が、「わたしは効率重視なので九時から一七時までしか働きません」と帰ってしまったとしたら、いっこうに成果は上がらないでしょう。

このように、**余裕時間をつくることだけしか考えないのではなく、成果が上がるから余裕時間ができるようになるのです**。そして、余裕時間を投資に回すことでさらに時間が生まれ、一対一が一対無限大へとなるのです。

次ページの図は、パーソナルキャピタルに投資しないAさんとパーソナルキャピタルを投資するBさんを比較したものです。

Aさんの成果は一年後も同じですが、五年後、一〇年後にはそれと同等か、ひょっとしたら、時間や仕事に追われるうえに、だんだん仕事の内容が陳腐化していき、成果が減ってくるかもしれません。

他方で、パーソナルキャピタルに投資をするBさんの成果は一年後には一〇倍、五年後

■ パーソナルキャピタルに投資する

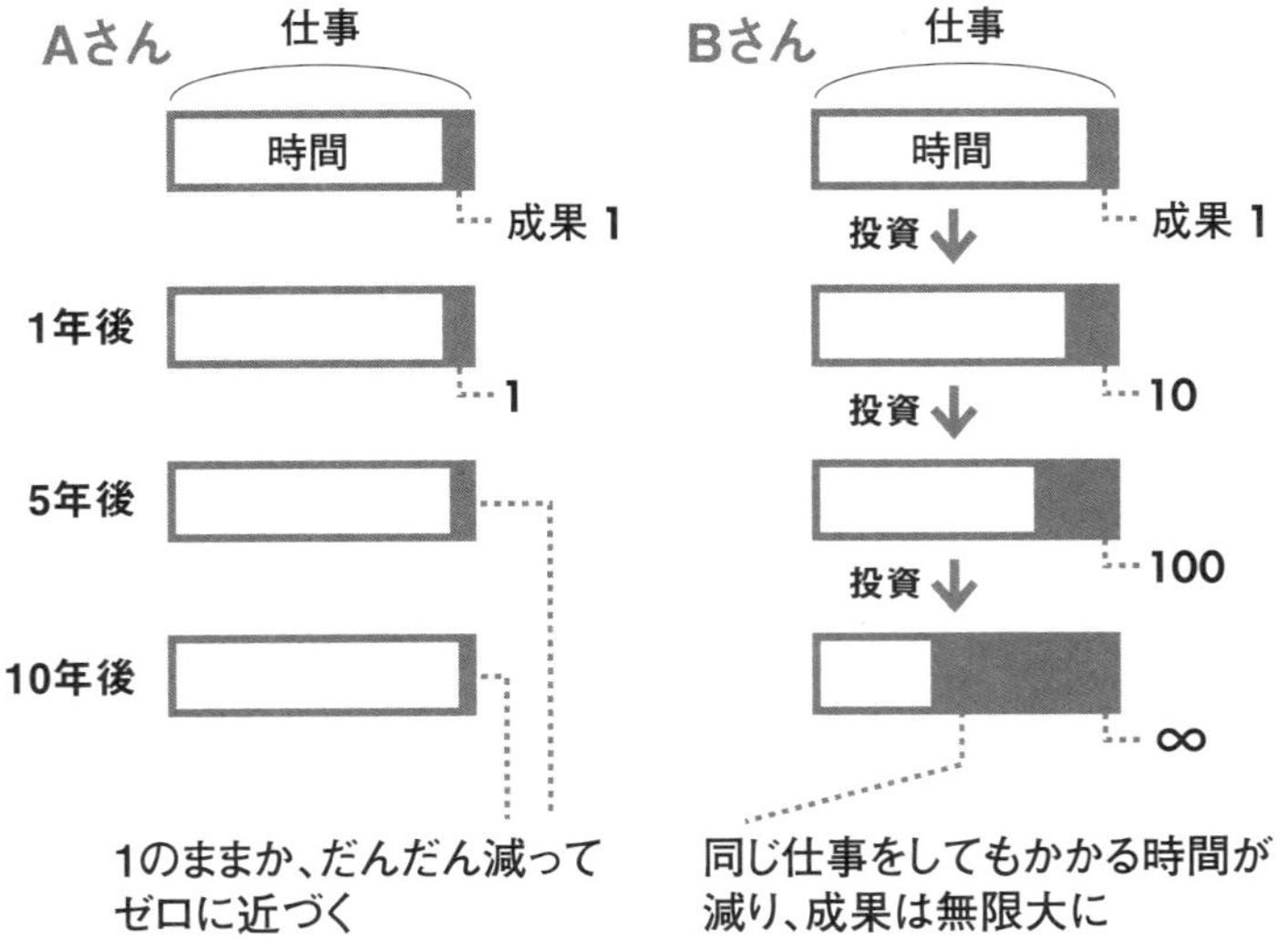

には一〇〇倍、一〇年後には無限大へと拡大し、余裕も出てきます。Aさんとの差は埋められるレベルではなくなってしまいます。

このようにいわれると、人生のすべてのことを効率的にやらなくてはいけないのかと思う人もいるでしょう。しかし、そうではありません。効率化して生み出した余裕時間は思いきり楽しんでよいのです。自分のプライベートを充実させることもできるでしょう。その時間は効率など無視して、思いきり楽しめばいいのです。

もちろん、前述したように、その時間を再投資し、さらに成果を上げ

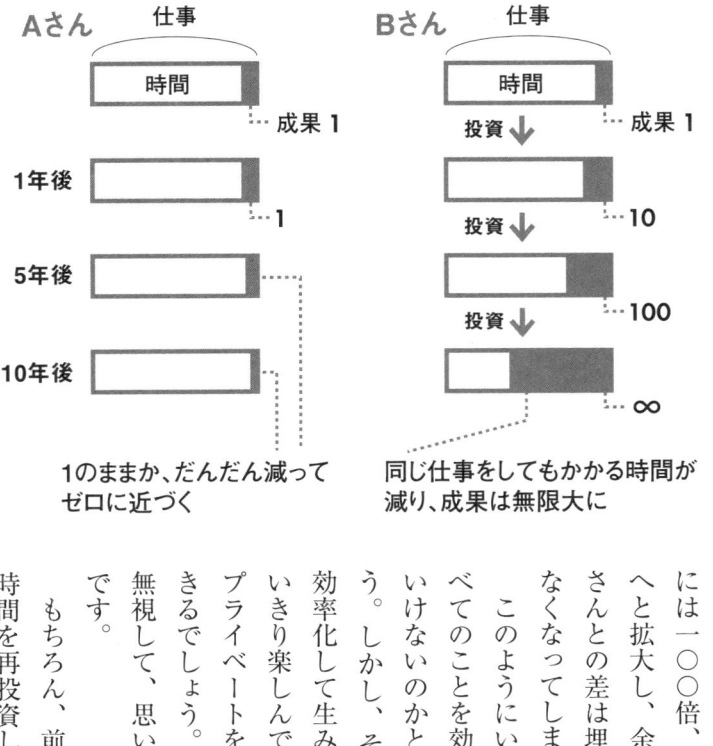

たり、勉強したり、人と会ったりしてパーソナルキャピタルを増やすこともできるのです。

パーソナルキャピタルとマインドを兼ね備えよ

パーソナルキャピタルは、成果を上げるための源泉となるものです。パーソナルキャピタルにマインドをかけることで成果が生み出されます。

パーソナルキャピタル×マインド＝成果

パーソナルキャピタルが大きくてもマインドの低い人もいます。場合によっては、会社がおもしろくないと感じているなど、マインドがマイナスということもあるでしょう。そのようなときには、パーソナルキャピタルが大きくても、成果はマイナスになります。

ですから、**パーソナルキャピタルを増やすと同時に、マインドも高めていかなくてはいけません。**

ただ一つ注意してほしいのは、パーソナルキャピタルには目もくれず、マインドだけ高めてしまう人がたくさんいるということです。そういう人は、自己啓発をテーマにしたビジネス書を多読していることが多いようです。わたしも自己啓発書を読むのは好きで、良い本に出会うと、仕事仲間や友人に勧めるのですが、そうした中で、自己啓発書を読んでも、成果が上がらない人がいることに気づきました。

その理由は、**マインドが高まってもパーソナルキャピタルを増やす努力をしないから、思うような成果が上がらないのです。マインドは資産ではありませんので、残念ながら空回りだけしてしまうのです。思いきり車のアクセルを踏んでいるのに、「労力」「時間」「知識」「人脈」というタイヤが四つとも外れているために、前に進んでいないのです。**

成果が上がらないとわかると、がっかりしてマインドは下がります。そして、またしばらく経つと別の自己啓発書を読んでマインドが上がります。成果を上げるための自己啓発が、自己啓発のための自己啓発になってしまっているともいえるでしょう。再び思いきりアクセルを踏むのですが、タイヤはついていないので結果は同じです。

これの繰り返しなので、マインドは上がったり下がったりしているのです。まるで依存症のように自己啓発書を読みあさっているのですが、次第にその効果は薄れていきます。ですから、パーソナルキャピタルとマインドは兼ね備える必要があるのです。

ゴールを定め、「しないこと」を見つけよ

ところで、人によって増やすべきパーソナルキャピタルは異なります。「良い習慣を身につける」といっても習慣の内容は人それぞれですし、これから学ぶ知識、形成する人脈も変わります。

では、どうしたら自分に必要なパーソナルキャピタルが見つかるでしょうか。

パーソナルキャピタルづくりをスムーズに行うには、ゴールを定めることが大切です。ゴールには長期的ゴールである「ライフデザイン」と、短期的ゴールである「現在の仕事の課題」などがありますが、現状とゴールを見比べると、明らかなギャップがあるはずです。

あなたにがやるべきことは、このギャップを埋めることです。それを効率的に達成できるように、パーソナルキャピタルを構築する必要があるのです。

ゴールを明確に描く最大のメリットは、選択力が身につくことです。自分にとって何が大切で、何が大切でないかがわかるようになります。余計なことをしなくなり、時間、労力、お金の無駄がなくなります。

グロービス・グループ代表の堀義人さんは、『すごい人の頭ん中――すごい起業家』（ビジョネット著、ゴマブックス）の中で、

「人生を通して自分が何をしたいかでしょうね。それが明確に決まっていると、あまり寄り道をしなくていいと思うんです」

と述べていますが、まさにそのとおりだと思います。

たとえば、医師をめざしている人には医学の勉強は必要ですが、建築の勉強は必要ではありません。サッカー選手をめざしている人にはサッカーの練習は必要ですが、野球を熱心にやる必要はありません。極端なことをいえば、勉強をせずにサッカーの練習に打ち込んだほうがよいのかもしれません。

また、**ゴールを明確に描けると、「カラーバス効果」によってチャンスを得やすくなります**。「カラーバス効果」説は、博報堂の加藤昌治さんの『考具』（阪急コミュニケーションズ）に紹介されています。

たとえば朝、「今日一日で、赤い色のものを何個見つけられるかな？」と思って家を出ると、世の中はこんなに赤いものがあふれていたのかと驚くほど、ポストや赤い文字の看

板、赤い花など、赤い色のものが目に飛び込んでくるのです。もちろん一晩で急に赤いものが増えたわけではありません。ただ、意識しているとそれが目につくようになるのです。

カラーバス効果をうまく使うと、目的の箇所で目が留まるようになります。機会は誰にでも均等にあり、成功するかどうかは、それを見つけられるかどうかで決まります。ゴールを明確に描いたことにより、与えられたチャンスに気づけるようになります。

成功者の書いた本を読んでいると、「目標を紙に書いておいたら、新たな仕事が舞い込んできた」とか、「偶然にも必要な人に出会うことができました。それから仕事が生まれ、現在の自分があるのです」といった記述に出会います。

しかし、これは偶然ではありません。実はこれはカラーバス効果であり、成功者がライフデザインや仕事の課題を描いていたことを示しています。目標、課題、自分のやりたいことが明確だったといってもよいでしょう。

ゴールを描いていると、与えられたチャンスを敏感にキャッチできます。仕事や出会いのチャンスに気づけたのです。ゴールを描けていなければ、チャンスは目の前を通り過ぎてしまったでしょう。

チャンスは誰にでも均等にあり、それに気づけるか、気づけないかは、どれだけ明確にゴールを描けたかにかかわってきます。

アクティブに行動せよ

もう一つ、レバレッジ・シンキングにおいて重要な要素は、**「自分で行動する＝アクティブ（能動的）」**であるということです。

何をやるにしても、アクティブに行うか、他にコントロールされる＝「パッシブ（受動的）」に行うかで、結果は大きく異なります。

たとえば読書にしても、アクティブ・リーディングかパッシブ・リーディングかで成果は変わります。**アクティブ・リーディングの場合、目的意識を持ち、本から得た知識を活かそうとするので、成果に結びつきやすいのですが、パッシブ・リーディングは漠然と読んでいるだけになります。**

テレビはふつうに生で見ると、必要のない部分も見なければならなかったり、だらだらとしてしまって、テレビに時間をコントロールされることになってしまいます。こうしたパッシブ・ウォッチングではなく、**一度録画して、空き時間に必要な部分だけを見れば、アクティブに見ることができます。**

また、スケジューリングにもアクティブとパッシブがあります。パッシブ・スケジューリングとは、割り振られた仕事や思いついた仕事、相手に合わせてスケジュールを埋めていく方法です。アポイントメントやミーティングをこなしているだけで、仕事に動かされている状態です。一方の**アクティブ・スケジューリングは、主体的に仕事を管理し、効率良く時間を使います**。

ルーチンについてもそうです。一般的にルーチンワークというと、決められた仕事をやらされるというパッシブ・ルーチンの印象が強いのです。

しかし、**習慣化を図ったり、仕事を仕組み化するのはアクティブ・ルーチンです**。ルーチンというと、良くないというイメージがありますが、それはパッシブ・ルーチンのことです。わたしは、アクティブ・ルーチンは労力のレバレッジに欠かせない素晴らしいものと考えています。

ちなみに、わたしはやるべき仕事を、他動詞的に「やらされる」という語感の「ToDo」ではなく、「自発的に請け負った仕事」という意味のある「タスク」という言葉を用いています。これもアクティブとパッシブの発想です。

タスクについての詳細は第3章で紹介します。

自分の現在位置を知ろう

本章の最後に、あなたがレバレッジ・シンキングを実現できているかどうか、自分の位置を確認してみましょう。次の図を見てください。横軸に労力・時間、縦軸に成果をとっています。四つに分類されたゾーンのそれぞれの意味は以下のようになります。

【Aゾーン……レバレッジ・シンカー】

労力・時間が少なく、成果の大きい人。本書がめざすレバレッジ・シンカーです。レバレッジ・シンキングをすでに身につけ、パーソナルキャピタルから不労所得的に大きな成果を得ている状態です。

少ない労力で成果を上げるということはとても重要です。少ない時間で人の何倍もの成果を上げる、人並みに働いて周囲より圧倒的な成果を上げることが大切です。そうすれば時間的な余裕も当然出てきます。

【Bゾーン……ハードワーカー】

■ **ビジネスパーソンの4タイプ**

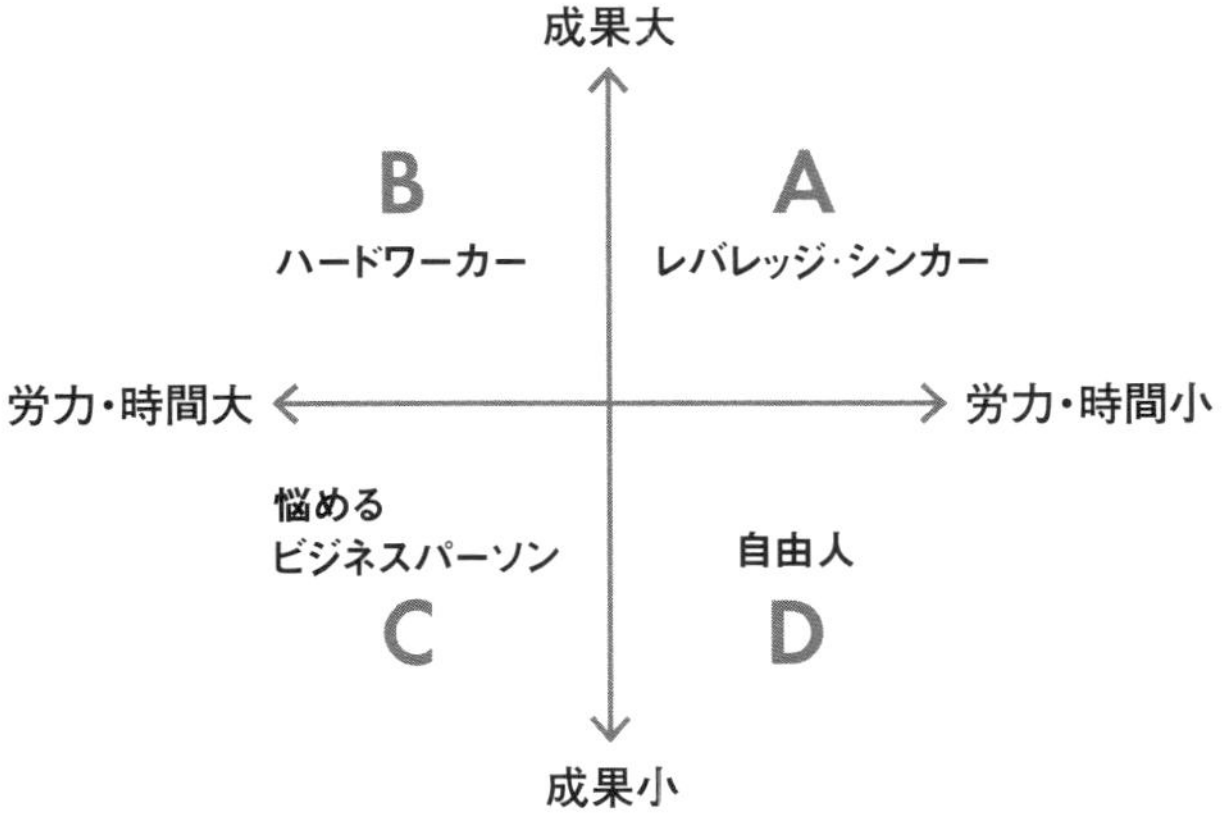

労力・時間が多く、成果もそれなりに上がっている人。労力と時間を費やしながら、大きな成果を上げているハードワーカーです。収入が上がっても忙しさのあまり疲れ切ってしまってはいけません。

若く元気なうちは、こうした働き方をしながら自分のパーソナルキャピタルを上げていくのもよいのですが、もし身体を壊すなどして仕事ができなくなると、成果は上がらなくなるというリスクを抱えています。

【Cゾーン……悩めるビジネスパーソン】

労力・時間をかけたわりに成果が上がっていない人。多大な労力や時間を費やしながら、成果が上がらないことを悩み苦しみ、あくせくしている人です。実はこういう人はとても多いのです。

【Dゾーン……自由人】

労力・時間をかけず、成果も上がっていない人。このゾーンにいる人は、そうした状態を自分のライフスタイルとして納得しているのかもしれません。納得しているのであれば、それはそれでよいのです。

あなたの現在地点はどこにあるのでしょうか。もっとも、必ずしもAゾーンが望ましいわけではなく、世間にはいろいろな価値観があるかと思います。しかし、本書はDMWLの考え方を持って実践することによってAゾーンに移行することが目標です。

ですから、現在B・C・Dゾーンに属しており、なんとか自分を変えてみたいと思っている方々は、本書でこれから説明するレバレッジ・シンキングをぜひ身につけてもらえたらと思います。

DMWLのバックボーン

■ レバレッジ・シンキングのセオリー

スポーツ

- トレーニング
- ルーチン
- 条件反射
- 記録
- 目標設定

脳科学

- 睡眠
- 記憶
- 無意識化
- 考え方
- 習慣

経営

- 戦略
- 数値化
- 時間
- スケジューリング
- 労力
- 効率

投資

- レバレッジ
- 不労所得
- 資産
- 天引き

このように説明してきたレバレッジ・シンキングですが、この考え方は「スポーツ」「経営」「投資」「脳科学」という、自己投資の四分野における成果を上げるための基本理論を応用してつくってきたものです。

スポーツで成功するノウハウ、経営で成功するノウハウ、投資で成功するノウハウ、脳科学的に良いと証明されたノウハウを、個人が仕事のパフォーマンスを上げ、少ない労力で大きな成果を出せるように応用してきました。

科学的にうまくいくと証明された方法をベースに構築されているので、「願えば夢はかなう」といった漠然としたものではなく、再現性があるという特徴があります。

「はじめに」で書いたように、わたしは面倒くさがりで、遠回りが嫌いでした。そこで、なんとか近道を探ろうと、本書でこれから紹介するようなことについて、常に意識し続けてきました。最初のきっかけは、大学受験の時に短期合格（＝ＤＭＷＬ）をめざしたことでしたが、それ以来、米国への留学やビジネスを続けながらの実体験、本の多読をしながら、二〇年以上にわたって試行錯誤しながら生み出したものです。

どちらかというと、勤勉でコツコツ続ける方よりも、世の中にはわたしのような面倒くさがりの方が多いのではないでしょうか。

第2章以降では、「労力」「時間」「知識」「人脈」について、それぞれの具体的な方法を述べていきます。本書の方法をもとに、あなたもぜひ「ＤＭＷＬ」を実現されることを願っています。

第1章 まとめ

・レバレッジ・シンキングの四つの投資対象は「労力」「時間」「知識」「人脈」。

・レバレッジ・シンキングは考え方を変えるだけなので、意欲さえあれば誰にでも簡単にできる。

・自己投資によって、パーソナルキャピタルを構築でき、これにレバレッジがかかって、不労所得的に成果が上がっていく。

・さらに再投資によって、パーソナルキャピタルは加速度的に増えていく。費やした労力・時間に対し、成果は無限大にまで引き上げることができる。

・「DMWL（少ない労力と時間で大きな成果を得る）」という考えを常に意識する。

・パーソナルキャピタルとマインドを兼ね備える。

・ゴールを明確に描くことで、余計なことをしなくなる。

・パッシブではなく、アクティブに行動せよ。

第2章 労力のレバレッジ

無意識的に小事に取り組んでいるのは、
意識的に大事に取り組まないのと
同じことである。
――――――――スティーブン・R・コヴィー
『7つの習慣　最優先事項』

星稜高校の一塁側ベンチや室内練習場には、
こんな言葉が掲げられていました。
心が変われば行動が変わる。行動が変われば
習慣が変わる。習慣が変われば人格が変わる。
人格が変われば運命が変わる。
――――――――――――松井秀喜
『不動心』

労力のレバレッジとは何か

新しいことを始めようと思ったときに直面する問題があります。

それは、「やろうと思ってはいるがなかなかできない」「先延ばしにしてしまう」、あるいは、「やり始めたけれど続かない」「三日坊主で終わってしまう」といったケースです。

多くの人がそうしたときに、「自分をコントロールしなくてはいけない」と考えるでしょう。それは誰でもわかっています。しかし、できないというところに大きな問題があります。

わたしはもともと面倒くさがりやで、何も目的がないと、つい、だらだらとしてしまいがちでした。時間が余っても何もしないで終わってしまうのです。このような人は多いのではないでしょうか。

しかし、目標もありますし、やるべきこともあります。そのときに、**「やろうか、やるまいか」と考えると結局やらなくなってしまうので、どうしたら、そんなことを考えなくても行動できるようになるのか、物事を続けられるのか、近道を見つけて進むことができるのか**、といったことを考える中でできたのが、労力のレバレッジです。

そのめざすところは、どうすれば少ない労力で大きな成果を上げることができるのか、にあります。そのポイントは次の四つにまとめられます。

一つは、**仕組み化**です。そのメリットは再現性があって、繰り返せることにあり、一度構築すれば、次回から行動する際に毎回一から考えずに済みます。マニュアル化、フォーマット化などの方法があります。

二つ目は**無意識化・習慣化**です。これによって精神力が弱かったり、自己コントロールが苦手な人でも、いちいち考えなくても行動でき、継続しやすくなるというメリットがあります。

三つ目は、**KSF（キー・サクセス・ファクター）を見つけ出す**ことです。どんなに一生懸命効率的にやってもポイントがずれていたら、時間や労力の無駄になります。成果に結びつくにはどうしたらよいかの見極めが必要です。

■ 労力のレバレッジ

1. 仕組み化
2. 無意識化・習慣化
3. KSFを見つける
4. その他のレバレッジ

最後に、**二毛作、言葉のレバレッジ、エクササイズのレバレッジ**など、その他のレバレッジを紹介していきます。

以上の労力に投資する方法を実行していくことで、あなたの労力資産を構築し、それにレバレッジをかけていくのです。これによって、ＤＭＷＬが達成され、不労所得的なリターンにより少ない労力でも、成果が無限大に向けて拡大していくことになるのです。

仕組み化のメリット

まず、労力のレバレッジをかけるうえでの重要な方法が「仕組み化」です。

仕事でうまくいくことは誰にでもあります。しかし、なぜうまくいったかを振り返り、仕組み化している人は少ないようです。仕組み化していないと、個人の能力依存になってしまいますし、自分でもなぜあんなにうまくいったのかがわからなくなります。なぜ早くできたのかがわからなくなります。

「うまくいったね」で終わってしまうのは大変もったいない。これでは再現性がないからです。毎回うまくいくためのやり方を考えなくてはなりません。**うまくいった方法を仕組み化すれば、いつでも誰でも再現することができます。**

こうすることで、毎回ゼロから考えなくてよくなり、少ない労力で成果を上げることができます。パーソナルキャピタルとして身につけているので、繰り返しうまくいきますし、その仕事を誰かに任せることもできます。

たとえば優秀な営業マンが、どのようにセールスしているのかをオープンにし、仕組み化します。キーマンの見つけ方、提案の仕方、フォローの仕方などを仕組み化できれば、新人営業マンでも近道を通るので、わずかな時間でできるようになります。

実際、リクルートには優秀な営業マンを「伝説の営業マン」として表彰すると同時に、成功事例を共有する仕組みがあります。たとえば、「伝説の営業マン」は自分の成功ノウハウを以下のように公表します。

「営業の訪問前に商談のシナリオをつくるためにお客様の状況を想像することが大切で、先方の会社が力を入れている事業はどれだろう、訪問先のお客様が経営から指示されている優先項目は何だろうと想像し、シナリオを準備した」

これを聞いた他の営業マンは、自分の営業の仕組みに取り入れます。また、自分でも新たな営業手法を生み出そうとします。新たな方法が生み出されると同時に、それが共有され、仕組み化されるところにリクルートの強さがあるのでしょう。

また、楽天の「成功のコンセプト」には、「常に改善、常に前進」「プロフェッショナリズムの徹底」「顧客満足の最大化」などがありますが、注目すべきは、「仮説→実行→検証→仕組み化」です。

普通の会社では「仮説→実行→検証」で終わっているところが多いと思います。これには投資は必要がありませんが、楽天では、それに「仕組み化」を加えているところが優れているように思います。もちろん、**仕組み化には、余計に時間・労力がかかりますが、それによって、先々継続してリターンを生むことになります。**

成功事例を共有し、その仕組みを日々の業務に落とし込むのです。落とし込むまではビジネス効率が上がりませんが、仕組み化した瞬間に効率が上がり、結果として利益率が上がるからです。こうして労力のレバレッジを実現しているのです。

マニュアルとフォーマットの重要性

すべての仕事を毎回ゼロから始めたら効率は上がりません。そこで仕組み化できるものは徹底的に仕組み化します。ここでは、マニュアル化とフォーマット化について紹介します。

たとえば、週五時間かかるルーチンワークがあったとしましょう。年間五四週働くと、約二七〇時間をその仕事に費やすことになります。そこで週五時間の仕事を一時間でできるマニュアルを考えます。

まずはマニュアルを考えることに労力と時間をかけるのです。マニュアルを完成させるには、一〇時間、二〇時間など、多くの時間がかかるかもしれません。しかし、結果としてその仕事を一時間でできるようになれば、五四週では五四時間で済むわけで、年間に二〇〇時間以上を削減することができます。

単にやらされ仕事のパッシブ・ルーチンが、アクティブ・ルーチン化できると、これだけの効果があります。

実例を紹介しましょう。わたしは自分が経営していた会社のＩＲ資料の作成を仕組み化していました。

あらかじめフォーマットを作成しておき、そこに数字を入れれば、ほとんどできあがるようになっていました。あとは説明するための文章をどうするかとか、どういう切り口で説明するかに時間をかけていました。

ＩＲ資料を毎回違うフォーマットで作成するのは時間の無駄です。なぜなら、訴えるべきことは、サマリー、事業セグメントごとのトピックス、戦略の進捗状況、今後の戦略など、毎回ほとんど同じだからです。目的は何をやるかを考えることではなく、よりわかりやすい資料にするとか、伝わるような内容にしていくことに時間をかけます。

マニュアルはDMWLのために存在します。再現性を持たせ、誰にでもできるように余計な労力を省いているのです。たとえば、ファストフード店にマニュアルがなく、個人の判断で対応していたら、運営は不可能です。ショップもお客様も混乱するでしょう。

マニュアルが否定されるのは、マニュアルに沿ったことしかやらないケースです。**マニュアルの本来の目的は、一定の仕事レベルにまですべてのスタッフの能力を引き上げることです。時間を短縮し、最短ルートを通るためのツールなのです。そして、仕組み化する部分は仕組み化し、それ以外のことに頭を使えるようにします。**

マニュアルは良くないという声を聞くことがあります。しかし、マニュアルそのものが良くないわけではなく、使い方が悪いのです。状況が変化しているにもかかわらず、マニュアルどおりに仕事をしていたら成果は残せません。

マニュアルというベースがあったうえで、個々がマニュアルを超えた対応をしていくとよいのです。

逆算発想のチェックリスト

仕組み化を行ううえで重要なツールとなるのがチェックリストです。完成形から逆算して、やるべきことの手順を逐一書き起こしていくのです。

たとえば、四半期決算で行う作業はチェックリストにまとめています。**それに沿って仕事をしていけば抜けがないし、やらなくてはいけない全体の作業量のボリュームもわかります。時間の節約にもつながりますし、誰かに仕事を依頼する場合も、全体像とやるべきことがわかっているので時間の無駄がなくなります。**

結果的に、少ない労力で良いものができます。このチェックリストがないと、毎回作業の段取りが変わったり、やるべきことが抜け落ちてしまう可能性もあります。

また、わたしは出張の際に何を持っていくかもチェックリストにしています。チェックリストができていないと、出発前に何を持っていくかをいちいち考えなくてはなりません。それだけで二〜三時間くらい費やしてしまいます。それでも何かを忘れたような気がして、ストレスを感じることもありました。

そこで、出張用のチェックリストをつくりました。何を持っていくかをすべてまとめ、準備はそれに沿って行います。すると、準備にかかる時間は三〇分足らずになりました。忘れ物を気にするストレスもなくなりましたし、実際に何かを忘れたということもありません。

また、こうしてわたしが本書を執筆している際にもチェックリストは重要になってきます。発売日から逆算して、本のコンセプトや章立てを決めて執筆に取りかかりますが、その間の出版社の編集者とのミーティングや校正の日程調整、それぞれまでに準備しておくことなどをリストアップでき、スムーズに事が運ぶようになるのです。

仕事の振り分けについても、チェックリストがあれば明確です。言った、言わなかった、やった、やらなかったなどに頭を悩ませることがなくなります。何をしなくてはいけないのかと考えること自体、時間の無駄です。

このように自分の中の仕事のルールをチェックリストにしておくと、仕事が増えたときや、突発的なアクシデントに見舞われたときも、余裕を持って対処できるようになります。

無意識化・習慣化が成功のカギ

次に、無意識化・習慣化について詳しく見ていきましょう。

うまくいっている人を見ると、良い行動を無意識に行っています。いわば、習慣化しているのです。良い習慣は素晴らしい資産です。良い習慣をたくさん持つほど資産が増えていくということです。資産をつくるつもりで、良い行動を習慣化していくとよいでしょう。

他方、悪い習慣は自分負債です。悪い習慣をたくさん持つと、自分負債が増えていきます。つまり、無駄な労力が増えたり、マインドが下がっていったりします。

習慣化という方法は、自分をコントロールすることが苦手な人や、わたしのように飽きっぽい人間にはとても便利です。考えると行動には移りません。習慣にしてしまえば、自動的に身体が動くようになります。

「これをやろうか？」「あれをやろうか？」「今はこれをやろうか、それともあちらをやろうか？」などと考える間もなく、強制的に自分が動く（＝レバレッジがかかる）ようになるからです。

それは歯磨きのようなものです。朝に、「歯磨きをしようか、やめておこうか？」と考える人はいないでしょう。なぜなら習慣になっているからです。朝に歯を磨くのは当たり前のことなのです。当たり前になっているから行動するのは当たり前で、疑問を挟む余地もありません。

人間の行動の、実に九五％は無意識のうちに行われているといいます。

「ある研究によると、人間の行動のうち、本人が意識的に行っているのは全体の五％に過ぎないという。わたしたちの行動の九五％は実は無意識に行っているか、突きつけられた要求や不安への反応として行われているのだ」（ジム・レーヤー／トニー・シュワルツ著『成功と幸せのための4つのエネルギー管理術』阪急コミュニケーションズ）

人間の意思は強くはありません。この行動研究でも意識的な行動は五％に過ぎないのです。意識的な行動は続かないことが多いのです。意識的に行動しようとすると、「やる、やらない」で悩んだり、続かなくなることもあります。しかも、やらなかったときには大きなストレスを感じます。

ですから、仕事でも役に立つことは習慣にしてしまい、何も考えずに続けられるようにします。やり始めるまではおっくうでも、いざやり始めてしまえばできたという経験が、あなたにもあるのではないでしょうか。何も考えずに続けられるということは、非常に便利です。

さらに、習慣として継続することで、さらにレバレッジがかかってきます。これは銀行預金の長期積立の複利効果のようなものです。これによりＤＭＷＬ実現へのルートも加速化されます。

大きな習慣をつくるには小さな習慣から

では、実際に習慣をつくるにはどうしたらいいでしょうか。

それには、**いきなり大きな習慣を身につけようと思わず、小さなことからやり始める、あるいは意識することです**。たとえば、「明日から午前三時に起き、英語学習を三時間やってから出社することを習慣にするぞ」と思ったとしましょう。その心がけは素晴らしいのですが、大きすぎる目標は、かえってストレスになります。

そこで、小さな習慣を変えることから始めます。**小さな良い習慣を身につけていくと、良い流れが生まれます。「良くしていこう」という意識がベースに生まれると、やがて大きな習慣もできるようになります。**

たとえば、帰宅したときに室内が散らかっていると気分が悪いでしょう。だからといって、「毎日掃除をする」という習慣を身につけるのはなかなか難しいでしょう。そういうときは、「帰宅したら靴を揃える」という小さな習慣から始めます。これまで洋服を脱ぎっ放しにしていたなら、「きちんとハンガーに掛けて、クローゼットにしまう」という小さな習慣から始めます。

簡単なことでよいので始めてみると、心地良さを実感できます。一つ習慣になれば、「これができたから他のこともやってみよう」と思うようになるでしょう。どんな小さなことでも成功体験を得ることで、次の目標も達成できるのではないか、という思いを連れてきてくれます。達成できる予感があれば、行動も起こしやすくなります。

たとえば、毎日掃除ができるようになります。良いスパイラルができ、仕事上の新しい習慣もつくれるようになるでしょう。小さな良い習慣を実行し、良い流れをつくりながら、大きな習慣をつくっていきます。

また、習慣はたまに途切れることがあります。それを立て直す場合にも、小さな習慣をやることが大切です。

大きな習慣が崩れているときは、小さな習慣も崩れていることが多いのです。掃除の習慣が途切れ、家が汚れてしまったときは、靴も揃えられなくなっているのです。そういうときは再び靴を揃えるという小さな習慣からスタートします。

小さな習慣を行うことは、一見すると、馬鹿馬鹿しいと感じるかもしれません。しかし、それは脳科学的に良いと証明されたものでもあります。脳神経外科専門医である築山節さんは『脳が冴える15の習慣』（ＮＨＫ新書）のなかで、以下のようなことを述べています。

やや長くなりますが、引用します。

「部屋の片づけでも、壊れているものを修理に出すでもかまいません。自分の身近にある、少し面倒くさいと感じる問題を毎日少しずつ解決するようにしましょう。

そんな雑用をするくらいなら、もっと格好良いことをしたいと思われるかもしれませんが、それは脳の体力をつけてからです。前頭葉の指令を出し続ける力が落ちているときに大きな問題に取り組もうとしても、途中で面倒くさくなったり、辛さに耐えられなくなったりして挫折してしまいます。そして、また何もしない生活に逆戻りしてしまう。そういうパターンを繰り返している人も多いのではないでしょうか。

小さな雑用を毎日積極的に片づけていると、その程度のことなら面倒くさいとは感じなくなってきます。同時に、イライラも抑えやすくなる。これは脳の中で、感情系に対して思考系の支配力が強くなったことを意味しています。そうしたら、もう少し困難な問題に取り組んでいけばいいわけです。そうやって脳の体力を高めることから始めていくと、無理なく、問題解決能力の高い人になっていくことができます」

習慣チェックリストと数値管理

良い習慣を身につけるために、わたしは習慣チェックリストを作成し、何を自分の習慣として持っていたいかを常に意識するようにしています。

労力にレバレッジをかけるチェックリストは大変重要で、習慣を常に意識し、定着させるときにも大変便利です。次の表は、わたしの習慣の一例です。

わたしが最も心がけていることは、前にもお話ししたようにＤＭＷＬです。小さな労力と時間で大きな成果を上げるかということは、常に心がけておかないと、すぐに崩れてしまいます。ですから習慣チェックリストに書き、毎日意識するようにしています。

その他に「脱いだ靴を揃える」「今日出したものは今日中にしまう」という、一見たいしたことがなさそうな習慣もあります。しかし、こうした習慣は、大きな習慣が崩れていると感じたときに、特に意識します。

往々にして、大きな習慣ができていないときには、小さな習慣が崩れていることが多いのです。靴が揃えられていなかったり、仕事部屋が雑然としていたりします。そうしたときは、前頭葉を鍛え直そうという気持ちで、小さな習慣を意識的に実行します。すると、

習慣チェックリスト ☑

- [ ] DMWL（少ない労力で大きな成果を上げる）
- [ ] 朝、タスクを紙に書く
- [ ] 頭の中を紙に書く
- [ ] やりたくないこと、やらないことを明確にしているか
- [ ] 情報を提供しているか（おもしろかった記事や出来事をシェア）
- [ ] 本を1日1冊以上読む
- [ ] 仕組み化・チェックリスト化
- [ ] 人脈との定期的なコンタクト
- [ ] アロハスピリット
- [ ] 読み終えて情報を抜き出した雑誌や本を捨てる
- [ ] テレビを生で見ない
- [ ] 脱いだ靴を揃える
- [ ] 今日出したものは今日中にしまう

再び大きな習慣を実行できるようになります。

そして、**習慣化のためには、数字で管理することも大切です。数字を記録することで、習慣化がしやすくなるのです。**

小学生の頃、マラソンの練習をするときに、こんなやり方をした人は多いのではないでしょうか。

先生が教室の壁に東海道本線の駅名を書いた模造紙を張り出します。始発の東京駅から終点の神戸駅までの一六一駅です。そして校庭を一〇周したら、自分の名前の書いてある札を一駅ずつ進めるのです。一日校庭一〇周というノルマが課され、加えて終点まで行こうという思いがあるために、結構やる気が出て、走り続けることができました。

走り続けることができたのは、**数値管理によって日々の達成感を味わい、ゴールまでの距離がわかることで、継続へのモチベーションが高まるからです。**反対に、数値管理ができないとモチベーションは下がり、続けるのは難しくなります。

たとえば、ランニングの練習を例に考えてみましょう。

一つ目のケースです。コーチから「いいと言うまで走れ」と言われたとします。あなたは「いつ終わるのだろう」と不安に思いながら走ります。コーチに、「もっと腕を振って」「ももを高く上げて」などと叱咤されますが、いつ終わるとも知れないランニングなので、はたして全力疾走してよいものかと不安にかられます。頭の中には、早くやめたいという気持ちがいっぱいになりつつ、それでも仕方がないので走り続けます。そして一〇周走ったときに、「よし、そこまで」と言われて、練習は終了しました。

もう一つのケースです。コーチは最初に「トラックを一〇周するぞ」と言いました。あなたは何周走ったかをカウントしながら走れます。ペース配分もできます。「残り五周」「残り三周」「ラスト一周」とゴールに向かって前向きな気持ちで走ることができます。

いかがでしょうか。同じ一〇周ですが、ストレスはあきらかに前者のほうが大きい。それは、何周走ればいいかわからないまま走らされているからです。

また、わたしはビジネス書の多読を習慣にしていますが、習慣化するにあたって、最初のうちは目標をつくっていました。目標は年間四〇〇冊です。毎日読むのが理想ですが、旅行に出かけたりして読めない日もあるので、「一日二冊」と決めました。これなら読まない日があっても、確実に年間目標をクリアできます。

そして、エクセルでその日読んだビジネス書の冊数を記録しました。これは自己目標に対する労力投資です。記録に残していくことによって、「もっとやろう」というマインドが生まれてきます。

わたしの経験でも、読む本の冊数が増えるにつれ、マインドが上がり、結構おもしろくなってきます。一日二冊が目標なのですが、五冊読む日もありました。一日でも抜けたりすると気持ち悪くなったりします。このように、気がついたら自然に習慣化していたのです。

記録していないと、一日二冊という目標を持っていても、できてもできなくてもどうでもよくなってしまいます。そうすると習慣になりにくいのです。ですから、数字で記録しておくことが大切です。数字で進捗状況をつかむことで、モチベーションを高め、自己ノルマとなって、自分を動かすことができるのです。

人生の中で現役として働くことのできる期間は約四〇年くらいでしょう。その間、年間四〇〇冊を読むことで、トータルでは、一万六〇〇〇冊もの量になります。詳しくは、第4章で説明しますが、こうした多読によって、ものすごいレバレッジがかかる、逆に言うと、読まない人との差が格段についてしまうのです。

そして、この習慣化による行動は、ある程度慣れてくると無意識化され、スピードは加速度的に上がっていきます。いわば、**自転車を重いギアに設定しておくとスタート時は大変に重く、脚への負担も相当にきついものです。しかし、スピードに乗ってくると、軽くこいでもさらにスピードが出るようなものです。**

最初の慣れないうちはきつく感じます。そのためにすぐにあきらめてしまう人が多いのですが、それはとてももったいない。ある程度の反復を行うことで、全く新しい世界が開けてくるのです。

ＫＳＦを見極める

効率が悪く、成果が上がらず時間がかかってしまうことの原因の一つは、ポイントがずれていることにあります。ずれたことを必死にやっていても成果にはつながりません。

成功へのカギを握る要素＝ＫＳＦ（キー・サクセス・ファクター）を見極める能力が必要なのです。ＫＳＦの重要性についてＰ・Ｆ・ドラッカーはこう述べています。

「日常の仕事の流れに任せて、何に取り組み、何を取り上げ、何を行うかを決定したのでは、それらの日常の仕事に自らを埋没させることになる。たとえ有能であっても、いたずらに自らの知識と能力を浪費し、達成できたはずの成果を捨てることになる。彼らに必要なのは、本当に重要なもの、つまり貢献と成果に向けて働くことを可能にしてくれるものを知るための基準である」（『プロフェッショナルの条件』ダイヤモンド社）

彼の言う、「本当に重要なもの、つまり貢献と成果に向けて働くことを可能にしてくれるものを知るための基準」とはＫＳＦのことです。これなしに仕事を進めても、遠回りになってしまい、成果を上げるまでに時間がかかります。**逆に、始める前にどうすればよいか、その最短距離を考えて効率的に行動するのです。これこそが成果を上げるために最も重要な能力の一つだと思っています。**

身近な例でお話ししましょう。たとえば受験勉強のときに、教科書や参考書の一ページ目から勉強する人がいたとしましょう。これは満点をとるための勉強法であって、合格するための勉強法ではありません。受験で満点をとる必要は全くありません。合格ラインという目安があって、それを突破すればよいのです。一〇〇点満点中で七〇～八〇点とればよいのです。そのために何をするべきかという発想が大切になります。

たとえば、短期間の受験勉強で自分の志望大学に現役合格した人の勉強法をまねる、あるいは過去問を解くことがＫＳＦになり、これを見極める選択力がとても大切です。

わたしの場合、最初に「合格体験記」を大量に読みました。すぐに勉強を始めるのではなく、試験に合格するための勉強のやり方を学びました。勉強を教えてもらうのではなく、勉強のやり方を教えてもらうのです。うまくいっている人のやり方を学ぶことに労力を使いました。

仕事も同じです。仕事は成果を上げることが目的です。労力と時間をたくさん使っても、成果を上げなければ評価されません。少ない労力と時間で成果を上げるにはKSFを見極めることがとても重要です。反対に仕事がいくら速くても、KSFを見落としていたら、的外れなものになってしまいます。

KSFに時間と労力をかけることで、「作業」よりも「結果」に集中でき、より大きな成果を上げることができるようになるのです。

八〇対二〇の法則とKSF

KSFを見つけ、そこに労力を投資するということは、逆に言えば、それ以外のことは切り捨ててしまい、一切やらないということです。

受験勉強なら、短期間で合格ラインを突破するための勉強をするということです。合格ラインを突破するための勉強をすることです。

では、どうしたら短時間で合格ラインを突破できるでしょうか。

「八〇・二〇の法則」というものがあります。これはイタリアの経済学者、ヴィルフレド・パレートが提唱したもので、「イタリア国民全体の二割が、イタリア全体の八割の富を生み出している」という有名な法則です。不思議なことに、この法則は、あらゆることにあてはまります。

たとえば、ある会社に社員が一〇〇人いたとします。彼らの働きぶりを分析してみると、そのうち本当に優秀なのは、一〇〇人中二〇人だけ。彼らが売上の八割を稼ぎ出すのです。また、あるお店の売上が一〇〇だとしたら、売上の八〇%を占めているのは、全体のわずか二〇%のお客様によるものだそうです。

八〇対二〇の法則は、KSFとも大いに関係があります。ある仕事をする場合、その仕事を終わらせるのにかかる時間のうち、二割の時間で成果の八割を上げることができるといわれています。**一〇〇のやるべきことがあるとしたら、そのうち特に大切なことは、二〇程度なのです。**ですから二〇を全力を挙げて見極めることが大切です。

俯瞰逆算思考でKSFを見つけよ

KSFを見つける能力は、どうしたら身につくでしょうか。

これにはある程度の経験が大切です。KSFを見つける能力は、一定量の仕事の経験から身につきます。限界に達したところで見えてくるケースもあります。

仕事をするときには、必ずＫＳＦは何かを意識してください。日々の仕事に流されるのではなく、今やっている仕事のＫＳＦはどこにあるのかを考える時間に投資をし、明確にしてから仕事をするのです。

ある程度の仕事の経験を積むと、何がうまくいった要因だったのかがわかります。そのときは気づかなくても、うまくいったケースを振り返り、分析してみてください。うまくいったケースに共通している何かを見つけることができるはずです。

その他のＫＳＦを探す手段としては、

・前例を調べる。
・うまくやっている先輩などに聞く。
・ビジネス書から学ぶ。

といったことがあります。

そのためにも、俯瞰逆算思考が不可欠です。逆算については、先に少し触れましたが、俯瞰とは、高いところから見下ろして眺めることをいいます。

何かに取り組むとき、目の前のことだけを考えて仕事をしていると、無駄な行動をしたり、回り道をしてしまうこともあります。ですから自分のゴールまで俯瞰してみて、そこに最短距離で到達するためには何をすべきか、どういうステップを踏んでいくのがよいのかを逆算思考で考えます。

これは受験勉強のときに過去問をやるのと似ています。なぜ過去問に取り組むかといえば、やらなくてよいところを見極めるためです。

たとえば、日本史の問題集を一ページからやったらどうでしょうか。問題集の最初は「原始・古代」に関する問題です。机に向かっても昼間の疲れもあって、そのうちにうとうとと眠ってしまいます。翌日は気合いを入れ直して、また一ページから勉強を始めます。昨日よりはわかったような気もしますが、やっぱり眠くなって挫折してしまいます。すると何度も何度も「原始・古代」ばかりを勉強することになります。ところが、「原始・古代」が試験に出ることはめったにないのです。

それでは、どうしたらいいのでしょうか。まず試験問題を解くのです。過去問集を買ってきて志望校の試験問題をまず見るのです。

勉強していなくても構わずに見るというのがコツです。問題が解けるわけはありません。でも、それでいいのです。「できない」ということを知ると同時に現時点と合格ラインとのギャップがわかり、「何を勉強したらいいか」という目的意識が生まれます。すると、勉強する意欲がわきますし、教科書を読んでいても、「これは試験に出ていたところだ」と思うと、頭に入ってくるのです。

二毛作でさらなる効率化

労力のレバレッジでは、一つの物事をするときに、同時に何かできないかを考えます。それが二毛作という考え方です。

二毛作とはもともと、同じ耕地で一年の間に二種類の異なる作物を栽培することで、たとえば、春から秋にかけて米を作り、秋に米を収穫してから翌年の春までは麦をつくるということです。これと同じように、一つのフィールドで二つのことをやろうと発想すると、成果が大きく変わります。

わたしが米国のビジネススクールに行ったときの話です。ビジネススクールの学費は一〇〇〇万円程度でした。五〇〇万円は自分で貯めました。残りの五〇〇万円のうち一部は借金しましたが、それでもまだ足りず、食事にも困る状況でした。なんとかしようと必死に考えて思いついたのが、「ビジネススクールで学んでいることが、お金にならないか」

ということでした。

ビジネススクールでの経験は、付加価値の高いものでした。わたしは得た知識や経験を活かし、日本企業に対してコンサルティングを始めました。わたしはインターネットビジネスのプロジェクトを行っていましたが、当時の日本はインターネットの黎明期で、その情報はとても貴重でした。インターネットビジネスに関する情報やアドバイス、米国のベンチャー企業情報、経営情報などをセットにし、日本企業数社に電話やメールでアドバイスしました。そうすることで不足分の学費を稼ぐことができました。

ビジネススクールで学ぶと、短期的にはお金が出ていくだけですが、工夫によって収入につながり、二毛作をすることができました。ビジネススクールを単に勉強で終わらせるのではなく、徹底的に活かすことを意識しました。

二毛作は誰にでもできるでしょう。わたしは朝五時に起きて風呂に入りながら読書をしています。習慣である風呂に入るという行為に読書を組み合わせた二毛作です。

これと同じように、通勤中はビジネス書を読む時間と決めれば、出勤するたびに確実に本が読めます。ジョギング中はｉＰｏｄを使って音声教材を学ぶと決めれば、体を鍛えながら頭も鍛えることができます。

先に紹介した築山節さんの『脳が冴える15の習慣』には「睡眠中も脳は動いている」と

いうこんな記述があります。

「(睡眠中に)脳が何をしているかといえば、入力がない状態で、一時的に保存していた記憶をより永続的な記憶に変換したり、得た情報を取捨選択し、思考を整理したりしているわけです」

この脳の働きを活かし、寝る前に何かを暗記するとよいでしょう。たとえば、覚えたいことの書いてあるビジネス書を読んで寝れば、寝ている間に記憶の定着ができます。これは睡眠の二毛作です。

『トヨタの役員秘書が見たトヨタのできる人の仕事ぶり』(石井住枝著、中経出版)には、こんなことが書かれています。

「A役員は、会議に出るとき、別の仕事を持ち込んでいる姿をよく見ました。会議中であっても、ちょっとした空き時間はあるものです。チェックだけすればよい書類や、目を通しておく必要のある各種資料などを手元に用意しておけば、合間合間に処理できます」

「B役員は、資料を持ち込むことは、別の企画に役立つとも言っていました。それは『会議中、誰かの発言がヒントになって、別の案件が解決できることがある』からだそうです」

これは会議という場所で行う二毛作の例でしょう。他にも、ガーデニングが趣味の人が新規事業として緑化事業を立ち上げたり、マンション購入を考えている編集者が「賢いマンション選びの本」を企画したというケースもあるようです。工夫次第で二毛作は可能になるのです。

自己暗示と言葉のレバレッジ

最後に、**労力のレバレッジは、「自分はできる」と思うことが重要です。「できない」とか「無理だ」と思ったり、言葉にしたりするとマイナスのレバレッジがかかります。**

できないと言った瞬間に、能力、スキル、やる気などをすべて打ち消してしまいます。結局、「できる」「できない」というのは、本人の主観的判断であって、客観的なものではありません。「できる」と思えばできてしまうし、「できない」と思えばできないケースが多いのです。

限界というものは世の中には存在せず、実は自分でつくってしまっているだけのものな

のです。

たとえば一〇〇メートル走で、それまで誰も一〇秒の壁を突破できなかったとします。ところが、一人がその壁を破り、九秒台の記録を出すと、その後は続々と九秒台の記録が出ます。これは「一〇秒の壁は突破できない」という思い込みが、見えない壁となっているからです。一人が壁を突破したことで、それが打ち崩されたのです。

現在のメジャーリーグでの日本人選手の活躍は、野茂英雄投手のパイオニアとしての活躍が大きいのではないでしょうか。

一九九五年、それまで近鉄バファローズ（当時）に所属していた野茂投手がメジャーリーグに挑戦しました。野茂は日本での五年間に七八勝を挙げ、一億三〇〇〇万円という高額年俸をもらいながらも、メジャーを志して米国に渡りました。当初、日本球界全体が、「ルールがない」「前例がない」と反対しましたが、野茂投手はあきらめず、日本のプロ野球から任意引退し、退路を断ってメジャーリーグをめざしました。

一九九五年の開幕から、ローテーションピッチャーとして投げ始め、結局、その年、一三勝、二三六奪三振の成績で新人王と奪三振王のタイトルを獲得し、日本人メジャーリーガーのパイオニアとしての地位を得ました。

野茂投手の活躍によって、多くの日本人選手のマインドが「できない」から「できる」

へと変わったことでしょう。それが現在の日本人メジャーリーガーの活躍につながっているのです。

思い込みによって、能力がセーブされてしまうのは大変もったいない。そこから解放されることが、労力のレバレッジを図る第一歩といえます。

エクササイズのレバレッジ

労力のレバレッジには、体調が大きく関係します。こんなデータがあります。

「企業トップ八〇人を九カ月にわたって調査した結果、日常的にエクササイズをしていた人は、していなかった人に比べて、体調が良くなった人が二二％多く、複雑な決断を下す際の能力が向上した人も七〇％多かった。また、GM社によると、フィットネスプログラムに参加していた社員は仕事に不満を述べることが、参加していなかった社員に比べて五〇％少なく、時間のロスも四〇％少なかったという」（ジム・レーヤー／トニー・シュワルツ、前掲書）

どんなにマインドが高くても、体調が良くないとふだんの力は出せなくなります。労力の源泉となるパワーが落ちてしまい、マインドが高くても身体がマインドについていけないという状態になります。こうなるとレバレッジどころではありません。

もう一つ、体調に影響を与えるものとして、土日の過ごし方があります。ウイークデイの疲れをとるために、土日はゴロゴロと寝て過ごすという人がいます。ですが、それでは疲れは抜けません。**リズムが崩れてしまいますし、月曜日にエンジンがかかりにくくなります。**

実は、わたしも新入社員の頃はそんな過ごし方をしていました。ところが、あるときにトレーニングに行ってみると、疲れがとれるということに気づきました。身体を動かすことによって疲れは抜け、月曜日の仕事への良い影響を、身をもって感じたことがありました。

わたしの知人の外資系金融マンが、それまで定期的に行っていたトレーニングを三週間休んだために、仕事の効率が下がったと言っていました。日々のハードワークで肉体的にも精神的にも消耗しているはずですから、ふつうに考えたら土日はゆっくりと休んでいるのかと思うのですが、実際にはわずか三週間の休みを気にかけるほど、アクティブな週末を過ごし、リズムを崩さないようにしていたのです。

そうしたことを考えると、習慣化されたエクササイズはとても重要であるのです。疲れたからゴロゴロするのではなく、疲れたからこそふだんどおりに身体を動かすことが大切なのです。わたしは日々のスケジュールの中にトレーニングの時間は事前に組み込んで、無意識のうちにトレーニングできるようにしています。

第2章 まとめ

・労力のレバレッジは、どうすれば少ない労力で大きな成果を上げられるか、にある。
・うまくいった方法を仕組み化すれば、いつでも誰でも再現することができる。
・マニュアル化・フォーマット化、チェックリストづくりに時間を費やす。
・無意識化・習慣化によって、自動的に身体が動くようになる。
・大きな習慣をつくるには、小さな習慣から始める。小さな良い習慣を身につけていくと、良い流れが生まれる。
・習慣は数値管理をすることで、モチベーションを高め、自分を動かすことができる。
・成果に結びつけるKSF（キー・サクセス・ファクター）を見つけ出すことが成功へのカギ。その手段としては、俯瞰逆算思考が不可欠。
・一つのフィールドで二つのことをやる二毛作で成果が大きく変わる。
・限界は自分でつくってしまっているだけである。「自分はできる」と思うことで、プラスのレバレッジがかかる。

第3章

時間のレバレッジ

時間の価値を知っている人間こそが
事業の成功者たりうるのである。

――藤田田
『勝てば官軍』

人間が変わる方法は3つしかない。
1つは時間配分を変える。
2番目は住む場所を変える。
3番目はつきあう人を変える。
この3つの要素でしか人間は変わらない。
最も無意味なのは「決意を新たにする」ことだ。

――大前研一
『時間とムダの科学』

時間のレバレッジとは何か

まず、最初に肝に銘じてください。

時間がないから成果が上がらないのではありません。時間があるから成果が上がらないのです。

「何を馬鹿な」と思う人は、子どもの頃の夏休みの宿題を思い出してください。四〇日近くある夏休みの中で、いっこうに進まなかった宿題が、夏休み最終日になると一気に終わったではないですか。時間が限られていると、人間は強烈なパワーを発揮するのです。

トリンプの元社長、吉越浩一郎さんが『革命社長』（日本実業出版社）の中で、自社の就労時間について述べています。

それによるとトリンプでは、仕事のデッドラインが短いうえに、毎日午後六時二五分になると社内の電気がすべて消えて真っ暗になるそうです。意図的に短いデッドラインと就労時間。社員は限られた時間の中で必死になって仕事し、能力を伸ばしているというのです。

これは時間のレバレッジの好例です。**時間があるから成果が上がらない。だから、意図的に時間を短くして成果を上げるようにしているのです。**吉越さんはこうも言っています。

「『能力×時間』をどう使うか本人の自由。一時間かけた仕事を一五分でできるようにすれば効率は四倍伸びるんです」

一日二四時間、一年三六五日。時間は誰にでも平等に与えられています。限られた時間をどう使うか、いつまでにどんな成果を出すか、つまり、時間への感度を持つことは、ビジネスパーソンにとってとても大切です。

「大抵の人は、収入を増やすには仕事の量か労働時間を増やすしかないという固定観念にとらわれているものだ」（ブライアン・トレーシー著『フォーカル・ポイント』主婦の友社）

時間をかければ成果が上がる。そう思っているとしたら、あなたは時間というものの本

■ 時間・労力と成果の関係

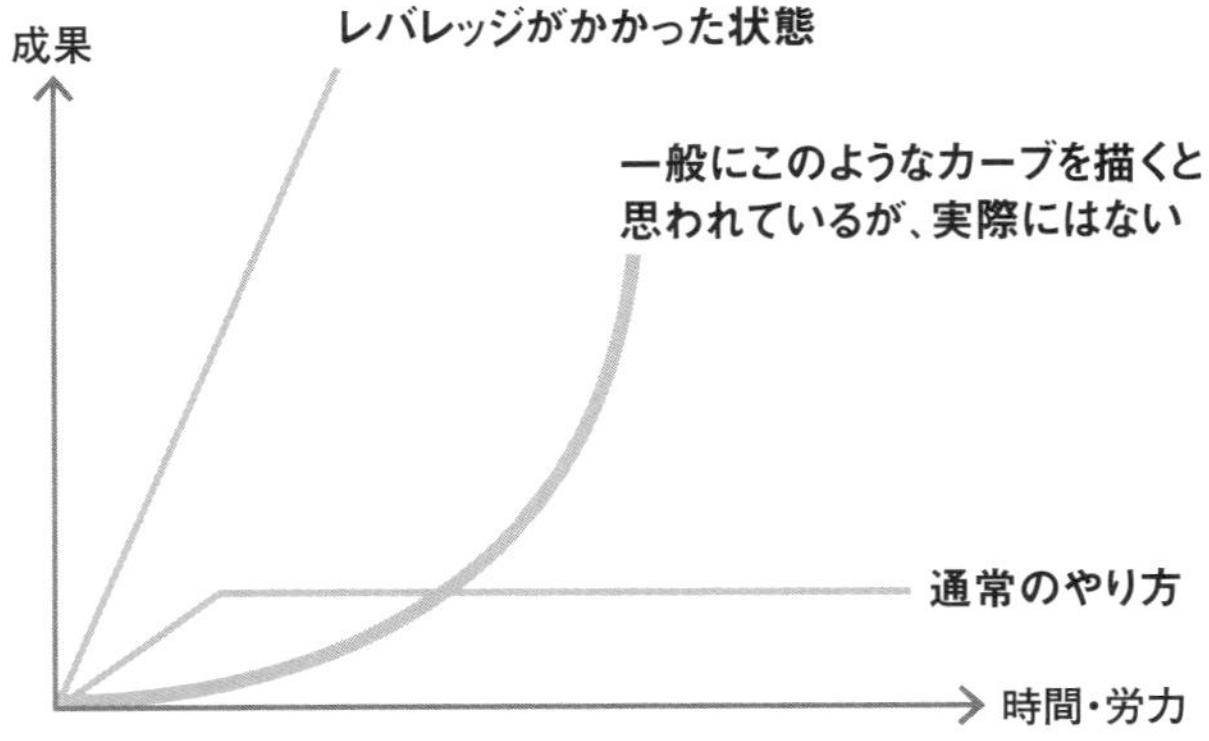

質を誤解しています。**知識労働社会では、時間を積み重ねれば積み重ねるほど成果につながるという仕事はほとんどなく、実際にはある程度のレベルにまでは到達しますが、その後は一定になります。**一方、レバレッジをかければ、短い時間でも成果を上げることはできます。

しかし、短時間で成果を上げるというと、仕事のスピードが速ければよいと誤解する人がいます。ですが、そうではありません。成果を上げることが重要なのです。成果を短時間で上げることが重要なのです。

たとえば、いくら本を速く読めても、十分に理解していなかったり、実践に使えなかったら意味がありません。第4章で紹介するレバレッジ・リーディングは、効率的に本を読みます。読み捨てる部分もあれば、じっくり読む部分もあります。そして重要なのは、本に書かれていることを実際に自分の仕事に応用することで、最大限のリターンを獲得することです。

時間のレバレッジを考えるにあたって、まずは何のために時間を増やすのかを事前に考える必要があります。**少ない労力・時間で大きな成果を上げる目的は、さぼるためではありません。**余った時間でテレビを見たり、無駄な睡眠をしていたのでは何の意味もないのです。だからこそ、生まれた時間を有効に使うプランがなければなりません。また、仕組みづくりも重要です。たとえば、時間割があれば、その余った時間を何に使うかも決まっているはずだからです。

知識労働の時代になって、仕事にかける時間量は際限がなくなりました。満足すべき仕事をしているかどうかさえ知ることが容易でないので、自分で時間の区切りや成果（基準・ゴール）を設けてやらない限り、仕事には終わりがありません。

本章ではこうした観点から、少ない時間で大きな成果を生むための方法について紹介します。**時間は貯めることはできませんが、レバレッジをかけて増やすことは可能です。時間を投資することで時間資産を増やすのです。これが軌道に乗ると、そこから不労所得的に生まれる余裕時間でさらに再投資し、ＤＭＷＬを実現し、成果を拡大することができる**

のです。

時間は投資によって増やすことができる

時間は投資によって増やすことができます。もちろん一日二四時間を三〇時間に増やすというように物理的な増加は望めるわけではありませんが、時間の使い方によって実質的な時間を増やすことはできます。

それでは、時間を投資するとはどういうことでしょうか。普通はそんなことを考えず、目先の時間を使っていると思います。たとえば、今やりたいこと、あるいは、今やらなくてはいけない仕事をどんどんやっていくということです。

たとえば、来週海外旅行に行きたいので、仕事は終わっていないが休んでしまう。これを優先してしまうと、仕事がどんどんたまっていってより忙しくなります。どんどん仕事がたまってマイナスのスパイラルに陥ります。

また、生活と仕事のバランスをとり、豊かな人生を送ろうという「ライフワークバランス」という言葉をよく耳にしますが、この意味を勘違いしている人もいます。ライフワークバランスが大事だから、早く仕事を切り上げて家に帰ろうとすると、結果的に仕事に追われることになってしまい、成果を上げることはできません。

先に自由時間をつくることに専念せず、まずは投資をすることが時間を生み出すコツなのです。投資して時間資産ができたところで、不労所得的に時間を生み出してくれます。

時間投資の一つの方法は、行動する前に、段取りをつくったり、計画したり、道筋をつくったり、近道をつくったりすることです。

それが俯瞰逆算思考でつくられる「レバレッジ・スケジューリング」です。

日本マクドナルド元社長の藤田田さんは、『勝てば官軍』（ベストセラーズ）の中で、「エコノミー・オブ・スケールからエコノミー・オブ・スピードへ」と言及しています。

「今は『エコノミー・オブ・スピード』、それも時間と空間が限りなくゼロになり、情報は瞬時にして世界中に行き渡るインターネットの時代とあっては、いかなる仕事であれ時

■ 時間のレバレッジ

1. 俯瞰逆算思考
2. 時間のルーチン化
3. 時間の天引き
4. 時間制限
5. 固定費の効率化

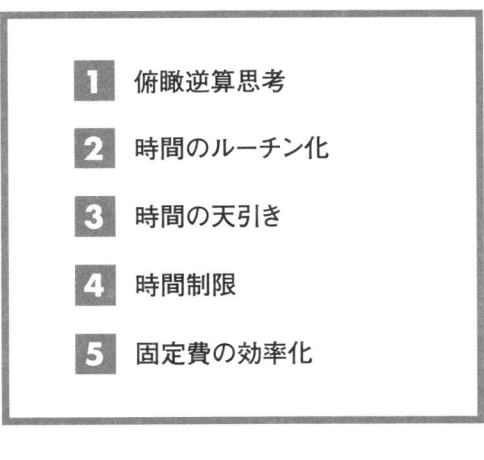

間短縮が重要課題となってくる。これまで三時間かけてやっていた仕事が限りなくゼロになる方向を考えなければ生き残れないのだ」

エコノミー・オブ・スケールは、「規模の経済」と訳され、経営規模の拡大により、生産性が向上し価格が引き下げられるとするという考え方です。エコノミー・オブ・スケールは、節約したり、無駄を削減してできるものではありません。投資をして規模が拡大したときに出てくるメリットです。

それは時間も同じです。投資をすることによってエコノミー・オブ・スピードをつくりあげていきます。時間がない、忙しいときに、時間術などを学んで、時間を節約したり、少しだけ効率を上げたりすることの積み重ねではエコノミー・オブ・スピードは達成できません。

以下では、時間投資の方法を五つに分けて紹介していきます。

俯瞰逆算思考で立てるレバレッジ・スケジューリング

一つ目は、俯瞰逆算思考です。この言葉は、第2章でも少し説明しましたが、あなたは仕事をするときに、今の状況からやるべきことを見つけて、積み上げ式に仕事を追いかけていきますか。それとも、目標やゴールを基準にして逆算して、仕事の段取りを考えていきますか。

レバレッジ・スケジューリングは後者です。**まずゴールを決め、現状からゴールまでを俯瞰し、逆算思考でタスクを決めます。**

これはスポーツでいえば、試合の日程が決まっているようなものです。試合の日程が設定されると、そこにコンディションのピークを持っていくよう、逆算思考で、いつまでに何をやるかを決めていきます。日程が決まった中で、対戦相手に勝つ、タイムをアップするなどの目標もでき、苦しいトレーニングに耐えられます。

これは一流アスリートに共通する考え方ですが、ビジネスでうまくいっている人にも共通しています。

ビジネスでうまくいっている人たちに話を聞いてみると、そのほとんどがまずゴールを設定しています。つまり、自分で試合日程というデッドラインを決めているのです。そして、俯瞰逆算思考でタスクを決めるという方法をとっています。

ところが、仕事がうまくいかずに悩んでいるほとんどの人が、現状からタスクを積み上げています。「今日はこれをやらなくてはいけない」「明日はこれをやらなくてはいけない」

という感じで、スケジュールは一日のタスクリストがすべてという人が多く、長いスパンでも一週間単位のスケジュールです。そうすると仕事がどんどん増えていきます。

はっきりとしたゴールがないと、「やるべきこと」「やらなくてよいこと」というタスクの選択ができなくなります。すべての仕事が大切に思え、あれもやらなくてはならない、これもやらなくてはならないという状況になります。

本当はやらなくてもいい仕事が増えているにもかかわらず、本人はそれに気づきません。それで時間がなくなってしまいます。そして、労力をかけたわりには成果が上がりません。成果にはあまり関係ないタイプの仕事があります。積み上げ型でやっていく場合には、その選択ができなくなります。複数の仕事を効率的に回していくためには、こうした積み上げ型では無理です。

たとえば、一カ月後に締切を抱えているAさんとBさんを比べてみましょう。Aさんは俯瞰逆算の考え方でカレンダーを眺めて、空いている時間を把握し、その中での時間配分を考え、逆算でステップごとの締切を決めて行動し、締切までに「あとどれくらいの時間」があるのかを考えて、そこでできることに集中することで、確実な成果を出すことができます。

その反対に、Bさんは来月から始めれば……と考えますが、その時期になると他の仕事

■ 俯瞰逆算型（Aさん）と積み上げ型（Bさん）

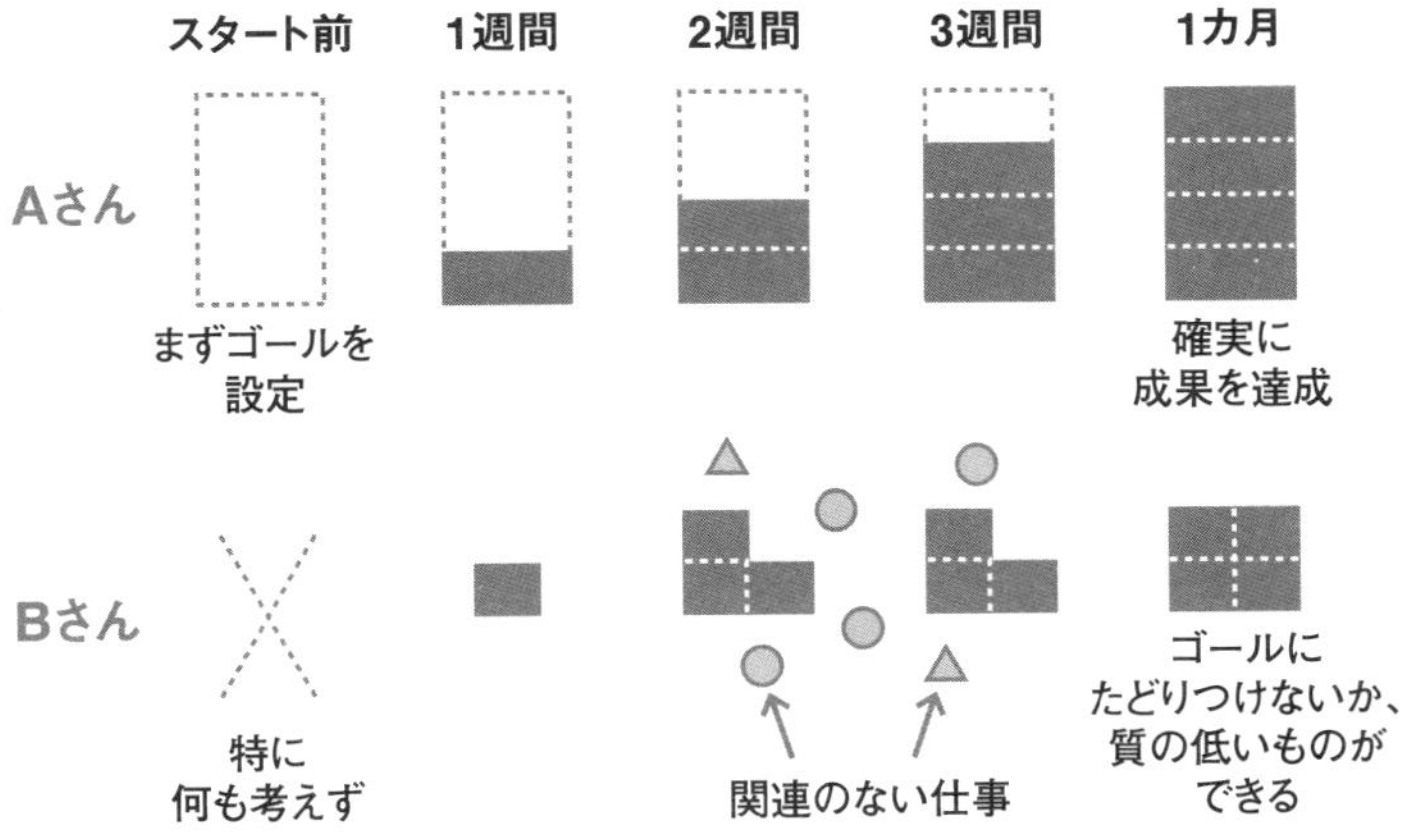

が入ってきて、自分の持っている時間の配分（アロケーション）ができなくなり、残業や徹夜をするなどしてなんとか間に合わせようとしますが、こうしたギリギリの仕事なので、Aさんより質の低いものになってしまいます。

俯瞰逆算型のメリットは、ゴールがはっきりしていることです。ゴールがはっきりすると、一定の時間の中で、成果を上げるためには何をやらなくてはならないのかがわかります。やるべきこと、やらなくてよいことがはっきりします。そして、ゴールにつながるのはその中でどれかと行動を絞り、そこに集中していきます。要するに、少ない労力で大きな成果が得られるのです。

仕事をしていて、「やっても先が見えない」

「終わりが見えない」と嘆く人がいます。そういう人は積み上げ型で仕事をしているのです。俯瞰逆算思考で仕事をすると、目的や上げるべき成果がわかり、それに対して何をしようかと行動します。成果につながらない行動はやらなくなるので、ストレスもたまりにくいのです。

このような俯瞰逆算スケジュールを管理するのに便利なのが、カレンダーです。私はA4サイズの一カ月分を大きく表示できるものを使っています。手帳を使ってスケジュール管理をされている方も多いかと思いますが、手帳では一度に見渡せる期間が一週間、二週間程度と短すぎます。

カレンダーなら、常に一カ月分が把握でき、数カ月先の予定も簡単に確認できます。ゴールの日に印をつけて、逆算して各ステップに割り振った締切を書き込んでいきます。また、スペースに余裕があるので、その他の書き込みもできます。

また、日々の細かいスケジュール管理のために、PDAとマイクロソフトのアウトルックを連動させ、一カ月単位の表示にして、A4のコピー用紙にプリントアウトしています。

ここでは、自己投資の時間、タスク、定期的な予定、その他のスケジュールを書き入れて、あらかじめブロックしておくとともに、ミーティングやアポイントメントなど、人に会う予定を主に書き込んでいます。

■ 俯瞰逆算思考でつくるカレンダー

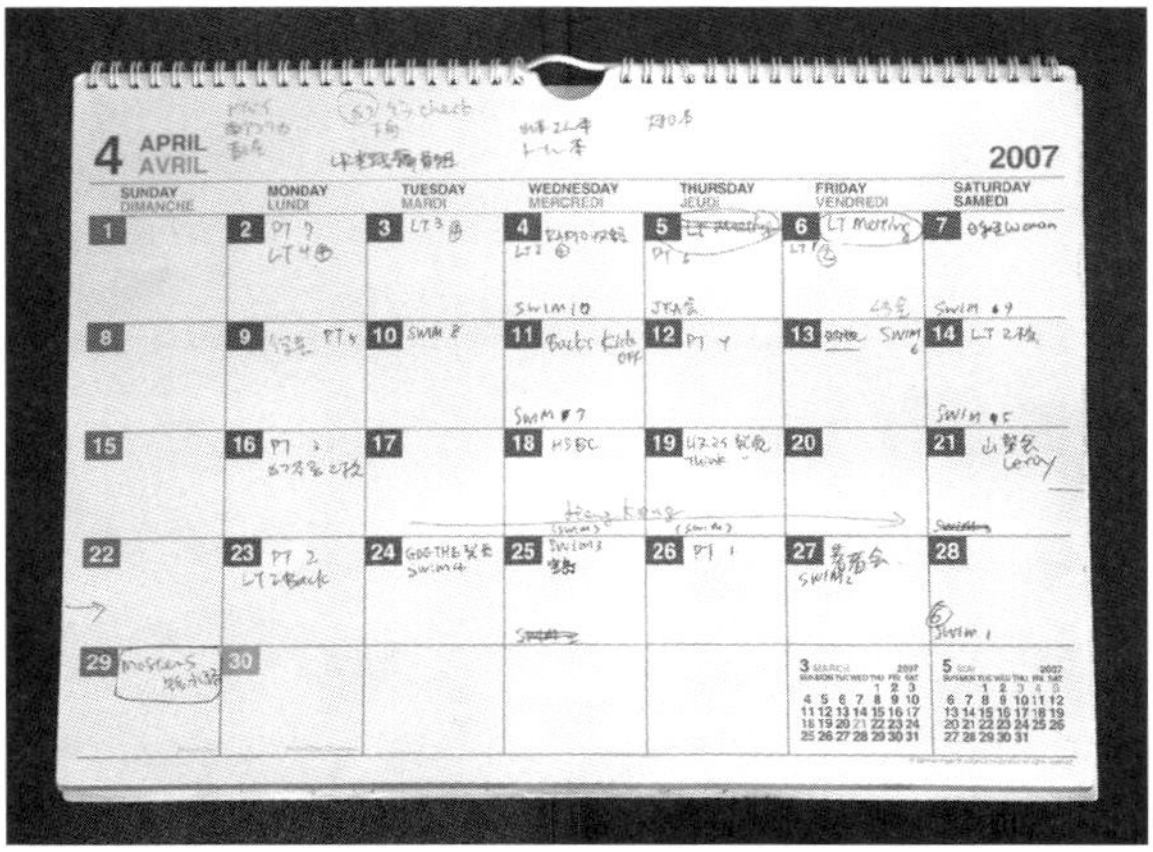

■ アウトルックのプリント

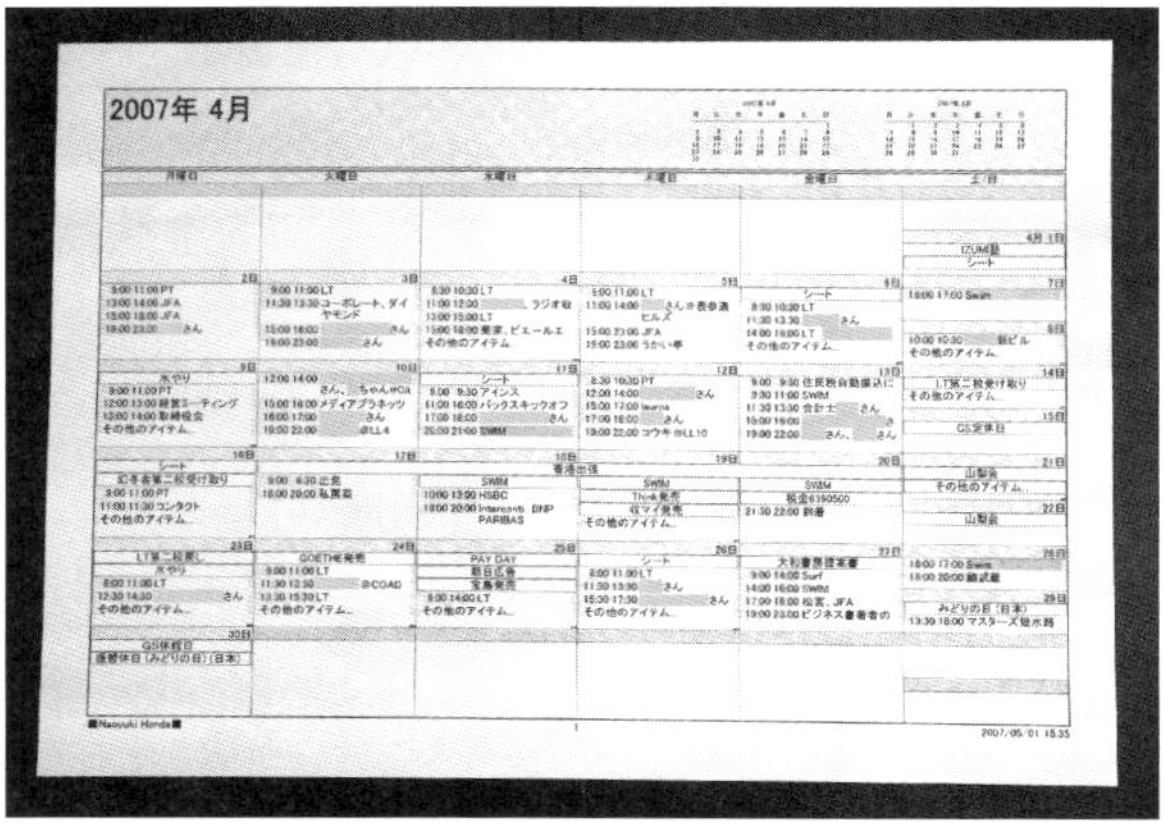

このように、一カ月単位の俯瞰逆算スケジュールを使うことで、成果を上げるための効率的な時間の割り振りが可能になるのです。

俯瞰逆算思考で生まれるタスク

わたしは仕事（タスク）を俯瞰逆算型で決めています。たとえば、本の執筆には打合せ、原稿執筆、原稿のチェック、校正ゲラのチェックなどがあります。基本的に著者であるわたしの仕事は、校正ゲラのチェックまでで、その後は出版社にお任せすることになります。ですから、校正ゲラのチェック終了がゴールということになります。現状からゴールまでを俯瞰して全体の流れを把握したら、逆算してマイルストーンを決めていきます。

たとえば、○月○日に校正ゲラのチェックを終了させるとしたら、原稿執筆は何日前まで、打合せは×月×日までとなります。それがわかったうえで、今日のタスクが決まります。たとえば、×月×日の打合せまでに、関連資料の読み込みや取材などが必要だとします。そうしたら「今日は資料の読み込みをやろう」とタスクを決めます。つまり、全体から逆算して今日のタスクが決まります。

反対に、積み上げ型で毎日のタスク、毎週のタスクを考えて行動していたら、時間の消費になってしまいます。「消費」とは「投資」のように将来に続くものではなく、その場限りで一過性のものをいいます。

時間術の本は、必ず「ToDoリスト」を作成するよう勧めていますが、積み上げ型でつくったら、仕事に流されるToDoリストができあがってしまいます。結局、仕事に追われることになってしまいます。

考え方を変えて、まず俯瞰逆算して、それをもとにタスクリストをつくるようにすべきでしょう。ちなみにわたしの場合、呼び方を「ToDoリスト」ではなく、「タスクリスト」としています。

ToDoは「やらなくてはいけないこと」ですが、**タスクは辞書によると、「自発的に請け負った仕事」なのです**。アクティブとパッシブの違いです。さらにいえば、浮かんだ優先順位はつけません。人生を通してやりたいことが決まっていれば、余計なタスクは思い浮かばなくなってきます。それができない、あるいは優先順位の低いタスクが思い浮かぶのは、目標が明確になっていないということなのでしょう。

俯瞰することで、やるべきこと、やらなくてよいことと、いつまでにその成果を出さなくてはならないかが明確になります。

ちなみに、わたしが俯瞰逆算思考でスケジューリングを始めたのは、大学受験を目前に控えた一七歳のときでした。

わたしが通っていたのは、当時、現役で大学に行く人がほとんどいないような高校でした。わたしも高校三年の春までは進学のことなど考えたこともなく毎日遊んでいました。テストの成績はいつも下から数えて数番目をさまよっていました。これほど下位の成績なので、大学など夢の話、ましてや現役合格など夢のまた夢でした。

ところが、ゴールデンウイーク前に突然大学に進学したくなりました。試験のある二月までは残り九カ月。わたしは「逆算しなければ間に合わない」と直感しました。そこで九カ月間を最大限有効に活用して大学入試を突破するために、カレンダーを使った俯瞰逆算スケジュールを思いついたのです。

同じ仕事でも、締切が今日中なのと一時間以内なのとでは、できることが限られてくるため、成果を上げるために重要なポイントに絞り込まざるをえなくなります。

極端な話ですが、締切がなければ、やることに際限がなくなり、永遠に続けることになってしまいます。残された時間が一時間と五時間であっても、単純に成果が五倍になるというわけでもないのです。

成果を上げるためにかける労力・時間があいまいになった知識労働社会に変わった今、選択力は必要な力です。選択力をつけるためには時間制限をつけなくてはなりません。

たとえば資料づくりでも、締切を設定していないと永遠に仕事は続きます。レイアウトやデザインに凝る、写真や図表を入れるなどの作業を追加していくことにより、時間はどんどん流れていきます。これは選択しない仕事の仕方です。

時間のルーチン化

時間投資のもう一つの方法が、**時間割をつくり、時間のルーチン化を図ること**です。これは無駄な時間を過ごさない仕組みです。**すぐに行動を起こさず、この仕組みづくりに時間を投資することがポイントです。**

ゴルフなどでいう「プリショットルーチン」をご存じでしょうか。これはゴルフのショットや野球のバッティングの前に行う一連の決まった動作手順のことで、パターン化されたもののことです。

サムライ打法といわれるイチロー選手のバッターボックスでの行動が特に有名です。常に一定のリズムで行われ、同時に、イチロー選手の強さの要因として語られています。

プリショットルーチンのメリットは、常に一定の動作手順を行うことにより、ショットやバッティングが安定することです。リズムを一定にすることを心がけていると、雑念に意識が奪われなくなります。呼吸をするかのような自然なプリショットルーチンにより、「あとは構えてショットするだけ」という良好な自己暗示に入ることができます。

時間もこのような感じで、ルーチン化することによって、ほぼ無意識のうちに行動できるようになります。

その仕組みとして、時間割を用います。**時間割は投資的に考えるとアセット・アロケーションのようなものです。**これはリスクを回避しつつ安定したリターンを獲得することを目的に、各種の資産をどのような割合で投資すべきかを決定する資産配分のことです。運用する資産を、「国内株式」「国内債券」「海外株式」「不動産」「現金等」など資産クラス別にどのような割合で分配するかというようなことです。

アロケーションするときには、まずは目的を明確にすることが大切です。目的に明確にしたうえでアロケーションを行います。これは時間割の場合で考えると、課題や目的を明確にしたうえで、時間の配分を決めるということです。投資と同じ意識を持つ必要があります。

時間割のおかげで、次に何をやろうかという雑念が入ることなく行動に集中力を増し、常に平常心で、自分の持っている力を発揮させるベースになります。思い出してください。学生時代の時間割もそんな効果を持っていたはずです。

国語の時間は国語に集中できるし、次の数学の時間は数学に集中できます。もし時間割がなかったら、何の勉強をしようかと悩む時間が生まれてしまうでしょう。この時間は明らかに無駄です。加えて、勉強時間の使い方もばらばらになりがちです。その日は気分がいいので一日ずっと国語の勉強をする、算数はやらない、というふうになってしまいます。

これでは勉強の効率化が図れないのです。時間割を決めることで、「これから何をしようか」と考える無駄から解放されるのです。

時間割をつくることは時間配分であり、資産配分に似ています。手持ちのお金をどう使うかを考えるのと同様に、自分の手持ちの二四時間をどのように配分するか、たとえば勉強時間に○時間、人脈をつくるために△時間、家族のために×時間などとします。

時間は一度失ったら決して戻ってくることはありません。お金のように貯蓄できるものではないのですから、時間の使い方について、お金以上の意識を持つことが大切です。

投資中心のわたしの時間割

時間割を使う以前、わたしは入ったアポイントメントに応じて動いていました。すると、自分でコントロールできない時間が増えていきました。予定がずれ、深夜まで仕事をすることも多く、自分のやりたいことができなくなりました。ジムに行けなくなったり、人と会えなくなったりしていました。

自分の時間を分析してみると、予定が詰まっていると感じていても、実際には余っている時間があるとわかりました。どのくらいの時間があれば仕事ができるのかがわかりました。それがタスクの時間です。

そして、その二つの要素から時間割を決めます。一日の時間の使い方をパターン化したことで、無駄な時間が減り、仕事も効率的になり、新たな時間が生まれました。時間割は会社勤めの人でもできます。たとえば、九～一七時で仕事をしている人でも、朝の決まった時間にビジネス書を一時間程度読むことはできます。あらかじめ予定に組み入れておけば、ジムに行くこともできるでしょう。

朝の時間はともかく、業務時間内は、自分の意思でコントロールできない部分もあるでしょう。突然アポイントメントが入ったり、予期せぬミーティングを命じられたり、膨大な仕事をかかえ遅くまで残業しなくてはならないこともあるでしょう。

だからといって、効率的な時間の使い方をあきらめてはいけません。そうなると思考停止状態に陥り、永遠に時間を支配されてしまいます。工夫は継続的に行うべきです。時間内で終わらせるための効率的なやり方を模索し続けましょう。自分でコントロールできないからやらないという考えでは、いつまでたってもできるようになりません。

わたしは時間の使い方を大きく四つのカテゴリーに分けています。

一つは自己投資である「インプット」の時間。わたしにとっては、人に会う時間や読書の時間などが該当します。二つ目は「アウトプット」の時間、三つ目は食事や入浴、睡眠などの「生活」の時間。そして、四つ目は「プライベート」の時間です。そして、一日二四時間を四つのカテゴリーに分類して配分しておきます。

たとえば、わたしは現在、次ページのような時間割で一日を過ごしています。また、参考までに会社員時代の時間割も掲載しておきます。

一週間の中で、月曜日の一五～一八時は会社の経営会議なのでブロックし、また、水曜日の二〇～二一時は水泳なのでブロックします。それ以外のウイークデイは、時間割どおりで進んでいます。

また、土日は基本はプライベートの時間にしていますが、厳密に言えば、自分で完全に時間をコントロールできる仕事はしています。例えば、読書や執筆、アイデアを考えるなどです。

これは、いつスタートしても、いつやめてもいいような仕事で、自分で完全に時間コントロールできない仕事、たとえば会議やアポイントメントなどを入れると、家族で過ごす

現在の時間割

〈平日〉

5時	起床
5時〜7時	入浴＋ビジネス書を読む
8時〜8時10分	今日の行動予定策定
9時〜11時	トレーニング
11時30分〜13時30分	ランチミーティング
14時〜19時	今日のタスクを実行
19時〜23時	ディナーミーティング

〈土日〉

5時	起床
5時〜7時	入浴＋ビジネス書を読む
8時〜23時	プライベート

会社員時代の時間割

〈平日〉

5時	起床
5時〜7時	入浴＋ビジネス書を読む
8時〜8時10分	今日の行動予定策定
10時〜11時30分	タスク
11時30分〜12時30分	ランチ
13時〜19時	タスク
19時〜23時	ディナーミーティング

〈土日〉

5時	起床
5時〜7時	入浴＋ビジネス書を読む
8時〜23時	プライベート

時間に影響が出ます。

わたしは平日に自分でコントロールできない約束を入れ、土日はコントロールできる仕事を入れています。そうすれば土日に家で仕事もできますし、家族とのプライベートな時間も過ごすことができます。バランスが大切なのです。

このように時間割をつくると、「この仕事をやるのに○時間かかる」という発想から、「この時間の中でこの仕事をやる」という発想に変わります。

逆に言えば、時間割なしでは、その日その日の出来事に流されてしまいます。実際、わたしが今日のタスクを実行する時間に割り当てているのは、一四〜一九時までの五時間です。タスクをこの時間の中で効率的に行い、その他の合計時間をインプットである投資時間に割り当てています。

そして、時間割をある程度使ってみたら、自分が時間をどのように使ったかをレビューするとよいでしょう。自分の時間の使い方を分析し、意味のないこと、意味のあることに分類し、意味のないことをやめます。これが時間の損切りです。

まずレビューすべき項目を決めます。自己投資に使った時間、食事の時間、人に会った時間、睡眠時間など、自分が時間をどのように使ったかを大雑把に把握します。厳密にレビューする必要はありません。大雑把で十分です。これは簡単にチェックできればいいので、ここに時間を費やすのはもったいないのです。

そこまでやっていても、何をしていたのかわからない時間が出てきます。食事の時間もないほどの一日を過ごしたつもりでも、振り返ってみると、何をしていたかわからない時間が見つかるものです。成果に結びついていない時間、たとえば同僚と仕事とは関係ない話をしていた時間などが見つかるはずです。

こうした時間があることを常に意識し、もっと効率よく時間を使う方法を考えます。読書、ジム、ミーティングの時間を記録していきます。これを二カ月程度続けると自分の時間の使い方が見えてきます。その後は、時間効率の悪さを実感したときに、年に一回程度行っています。効率的に時間活用できているようでしたら、この作業は必要ありません。

自己投資の時間を天引きに

一般的には、タスクを実行する時間が一日の時間の大半を占めている人が多いでしょう。そして、インプット＝投資の時間は少ないのではないでしょうか。

なかには、タスクを早めに終えたら投資をしようと考えながらも、それができずにいるという人もいるかもしれません。しかし、最初に投資の時間を決めてしまえば、そうはなりません。そして、投資しているからこそパーソナルキャピタルが増えて、ＤＭＷＬが達成できるのです。

貯蓄をする場合、貯蓄目標額を先に決め、給与天引きで別口座に自動振込として、残りを使うようにするとお金は貯まっていきます。

ところが、先に使い、残ったお金を貯蓄に回そうとすると成果が出ません。ある月は生活費の残りが五万円だったから五万円貯蓄、ある月は一万円残ったから一万円貯蓄、また、ある月は生活費を使いすぎてマイナス五万円だったから貯蓄を取り崩す。このような方法ではなかなか貯蓄することができません。

時間もそれと同じです。**時間割をつくってブロックして、自己投資の時間を決めてしまえば、残った時間で仕事をしようという発想になります。**わたしの場合、朝の二時間は本を読むという自己投資の時間にあてているので、確実に本を読めます。

しかし、仕事を早く終わらせて残った時間で本を読もうと発想すると、実際には本を読む時間は仕事に奪われてしまうことが多いのです。はじめに決めてしまえば、時間制限ができ、選択力ができ、より少ない時間でなんとかしようと思い、効率が上がっていくのです。

こんな事例があります。米国のクリントン元大統領は第二期の選挙前、支持率は二〇〜

三〇%に低迷していました。そこで、クリントンさんは公務に使う時間を三〇%削り、その時間を使って、政策を勉強し直して、自ら政策や演説の原稿をつくるようにしました。これで説得力が増して、二期連続で当選できたといいます（『Ｔｈｅ21』二〇〇七年五月号）。

読書の他のわたしの天引き時間としては、平日九時から一一時はジムでトレーニングにあて、平日のランチとディナーは人脈投資として人と会う時間にあて、土日はプライベート時間として確保しています。

タスクには制限時間を設けよ

わたしが仕事（タスク）を実行するアウトプットの時間は、一四〜一九時の五時間です。仕事という概念を大きく広げれば、勉強や人と会うことも仕事と考えられますが、一般的には業務を行っている時間を「仕事時間」と考えることが多いようです。するとわたしの場合には、五時間ということになります。

わたしは、前述したように、「**時間があるから仕事はできない。時間がないから仕事はできる**」と考えています。

区切りがないと、「終わるまでやろう」という考え方になります。それでは仕事を効率的にできません。それに長くやれば成果が上がるというわけではありません。

時間が区切られていると、この時間内に収めなくてはいけないと考えるので、効率よくやる方法を模索します。ＫＳＦを見つけようという思考になります。

明治大学教授で教育学者の齋藤孝さんが『齋藤孝の実践母親塾』（旺文社）の中で、子どもの勉強は「正確に早くできることが目標」で、母親は「時計を計って『この問題は〇分以内』というプレッシャーをかける」とよいと言っています。さらに、勉強効率化のコツは「お尻を決める」ことが重要だと言っています。

「たとえば、お子さんの勉強時間を夜の八時から九時までと決めます。『絶対九時までしか勉強しない』と決めます。すると逆行すれば、どのくらいのスピードでやらなければいけないかがわかってきます。『二〇分間でこれをやってしまおう』というような、密度の感覚を身につけることができます」

齋藤さんのいう「密度の感覚」とは、後でお話ししますが、わたしの感覚では「時間の厚み」です。時間に制限を持つことによって、時間をとても有意義に使うことができるのです。

第2章で紹介した築山節さんの著書でも「脳の基本回転数を上げるには、時間の制約が必要」としたうえでこんな話をしています。

「私は四〇代半ばまで、脳神経外科医として手術もしていましたが、その記録を後で見返すと、信じられないほど多くの判断と作業を短時間でしていることがありました。それと同じだけの仕事をリラックスしているときにできるかと言えば、絶対にできない。一日かかってもできないかもしれません」（『脳が冴える15の習慣』ＮＨＫ新書）

さらに制限時間を設定すると、やるべきこと、やらなくていいことを取捨選択する必要性に迫られます。一二時間働く時間があると思うと、何から始めようかと悩むような場合でも、五時間しかないとなると、「最低限、これとこれはやらなければいけない」ということを強制的に判断し、時間に対してレバレッジをかけざるをえなくなります。

時間の固定費を削れ

決められた時間の中で成果を上げるときに、自由時間を削って働く、週末を使って働くという人がいます。家族の時間がなくなってしまうという人もいます。早く成果を上げ、自由時間をつくるためには、どのような時間の使い方をすればよいのでしょうか。

わたしは時間には変動費と固定費のようなものがあると考えています。固定費とは、固定的にかかる時間、たとえばルーチンワーク、定時ミーティング、睡眠、食事、通勤、コンピュータの入力や検索などの時間です。

これらを全体の時間から引いたものが、自由時間＝変動費になります。変動費を自己投資に費やすことでパーソナルキャピタルは増えていきます。

自由時間を削って仕事をするということは、自己投資に費やす時間を下げるということになります。すると固定的にかかる時間が増えていくことになります。それでは結局、いつまでたっても楽にはなりません。

それよりも固定的にかかる時間を減らすべきです。固定費が少なくなれば利益は上がりやすくなります。固定費を削れば損益分岐点が下がります。**変動費を削ってもベースは下がりません。**

睡眠時間、食事、通勤時間は削ることはできませんが、二毛作の発想を取り入れて有効に使います。固定費の変動費が変わります。

たとえば、通勤時間に読書をします。食事の間に外部の人と交流することによって人脈投資をすることができます。睡眠時間は前述したように、暗記に活用することができます。寝る前に記憶したいことを読んで、そのまま眠ります。そして、朝起きてすぐに復習すると記憶が定着します。自分が眠っていると思っているときでも脳は起きているのです。記憶定着にはちょうどよいのです。

睡眠の科学

ここで、固定費の中でも睡眠について紹介しましょう。睡眠は固定費の中で最も長い時間を要するので、レバレッジをかける効果は絶大です。

わたしは日の出とともに起き、毎朝ビジネス書を読んでいます。ですから、起きる時間は季節によって少し変わります。それは人間の体内時計は太陽光線によって修正されるからです。

そもそも人間は日が昇ると起きて働き、日が沈むと眠るという規則正しい生活をしてきました。人間の体内時計は視交叉上核という神経細胞群にあると考えられています。朝は朝日の明るさが視交叉上核に伝わり、「起きろ」という命令が出され、夜は暗さが視交叉上核に伝わり、「寝ろ」という命令が出されます。

ですから、だいたい日の出とともに起きています。夏は五時前に起きますし、冬は六時過ぎに起きます。**あらかじめ窓のカーテンを明けておき、視交叉上核に太陽光線を浴びるようにしています。**

早起きのコツについて『脳はなにかと言い訳する』（池谷裕二著、祥伝社）の中にこんな記述があります。

「脳が目覚める、目覚めないという前に、まず体を起こして、歯を磨いたり、カーテンをあけたり、顔を洗ったりして、体を動かすことによって、それに引きずられる形で脳が目覚めるのです。布団の中にいたらいつまでも脳は覚めません。これは体主導型の考え方です」

また、わたしは平日のランチのあと、一五分ほど昼寝をするのですが、**たった一五分だけでも非常にスッキリします。**脳科学的に言うと、**昼寝が長いと逆に起きたあとの作業効率が元に戻るのに時間がかかってしまうそうです。**最近ではこうした昼寝の効果についても解明されつつあります。

『成功と幸せのための4つのエネルギー管理術』（ジム・レーヤー／トニー・シュワルツ著、阪急コミュニケーションズ）の中に、「NASAの疲労対策プログラムでは、たった四〇分間の仮眠でパフォーマンスが平均三四％、覚醒度は一〇〇％アップしたという結果が出ている」という記述があります。

また、同書ではウィンストン・チャーチルの言葉として、「昼食と夕食の間に、必ず仮眠をとるべきである。これは欠かせない。（中略）日が高いうちに寝てしまっては時間の無駄？　そんなことを考えるのは、想像力の乏しい馬鹿者だ。寝ることによって、失った時間以上のものを得ることができるのだから。一日で、二日分を生きることになるのだから。二日は大げさだとしても、少なくとも一日半は確実だ」を紹介しています。

また、**睡眠時間は九〇分の倍数がよい**という研究もあります。

「眠りに入ったばかりのときは、眠りが浅く、その後、次第に深くなり、また次に浅くなるまでの時間は、だいたい九〇分です。眠りが深いときに、目覚まし時計などで起こされると、頭がボーッとしたり、私の場合は（気のせいかもしれませんが）一日中眠かったり、頭が冴えなかったりします。

眠りの浅いときに、目が覚めるのが自然です。ですから、自分の睡眠の周期を知り、それに合わせて起きるようにするとよいわけです。私は九〇分の倍数、つまり、四・五時間（二七〇分）、六時間（三六〇分）、七・五時間（四五〇分）で起きるようにしています」

（池谷裕二、前掲書）

実は、わたし自身が偶然にも同じ考え方で睡眠時間を決めていたので驚きました。私は受験勉強をしていた頃から徹底的に効率的・効果的な睡眠方法にはこだわっていました。基本的な睡眠時間は六時間でしたが、それよりも短いときは四時間半、長いときは七時間半と決めていました。

わたしは、睡眠は脳科学的に捉えて実践すべきだと考えています。睡眠は前述した固定費の中で最も長い時間を費やすものなので、よく考えるべきでしょう。低血圧だから朝起きられないというのは、脳科学的には全く根拠がないという説もあります。気にされている方は、まずは一度試してみられたらいかがでしょうか。

テクノロジーのレバレッジ

固定費削減のもう一つの事例を紹介しましょう。

日進月歩で進むテクノロジーについての知識は、ＤＭＷＬを実現するうえで、大変重要な意味を持ちます。

たとえば、今後、パソコンなしのビジネスなど考えられません。現在四〇歳代、五〇歳代のビジネスパーソンは、社会人になってからパソコンが会社に導入されたでしょう。「パソコンがやってきた」という経験をしている人たちです。

ところが、現在二〇歳代のビジネスパーソンにとっては、パソコンは子どもの頃から身近な存在で、会社にも「パソコンはあった」という人たちです。その下の世代にとっては言わずもがなでしょう。

ですから、パソコンの知識は早いうちに徹底的に習得するべきです。テクノロジーに対する知識がないと無駄な労力を使い続けることになります。

わたしは米国に留学したときに、パソコンの知識は一生確実に使うものと考え、エクセルやパワーポイント、インターネットのノウハウを徹底的に習得しました。**学業とは直接関係ないところに時間を割いたのは、今後必要になる技術であり、成果も大きいと考えたからです。**

また、ＩＴの基本の基本であるキーボード入力を効率化・スピードアップするために投資をすることも重要です。一つはタイプソフトを使って、タッチタイピングを習得することです。そして、もう一つはジャストシステムの日本語入力・変換システムATOKを使って、タイプを省力化することです。

ATOKについては、最初は変換レベルが高い程度と思っていましたが、他の変換ソフトとは全く違うことに気づきました。たとえば、最初の数文字を入力するだけで、これまでに変換した使いたい言葉を推測して提示してきます。一度使うと手放せなくなる快適な機能です。入力した履歴だけではなく、ことわざや慣用表現なども少ないキータッチで入力することができます。

その一方で、テクノロジーの落とし穴にも気をつけるべきです。使い方をよく理解していないと、テクノロジー自体が足手まといになるケースがあります。

たとえば、検索エンジンの効果的な使用方法を知っていれば、短時間で的確な知識を調べることができますが、誤った方法をとったために、無駄な知識を拾ってしまうこともあります。グーグルの使い方などは一定の時間をかけて学ぶ必要があります。これは投資です。

テクノロジーは便利になる可能性がありますが、余計に時間がかかることもあります。取捨選択して学ぶ必要のあるものですし、労力と時間の削減のためにも重要な投資になるのです。

第3章 まとめ

・時間がないから成果が上がらないのではない。時間があるから成果が上がらない。
・知識労働社会では、時間を積み重ねれば積み重ねるほど成果につながるという仕事はほとんどない。時間にレバレッジをかければ、短い時間でも成果を上げることはできる。
・時間は投資することで増やすことができる。さらに、投資で増えた不労所得的に生まれる余裕時間で再投資し、ＤＭＷＬを実現することができる。
・俯瞰逆算思考のレバレッジ・スケジューリングで行動する前に計画を立て、全体の流れから今日の「タスクリスト」に落とし込む。
・俯瞰逆算思考のメリットは、ゴールがはっきりしていること。一定の時間の中で、成果を上げるためには何をやらなくてはならないのかがわかる。
・時間割をつくることは、投資でいうアセット・アロケーションのようなもの。「インプット」「アウトプット」「生活」「プライベート」の四つに分類して考える。
・時間割によってルーチン化することで、無駄な時間を過ごさないようになる。
・自己投資の時間を時間割でブロック（天引き）し、タスクには制限時間を設ける。
・時間の固定費を削ることを意識する。睡眠のメカニズムやパソコンのノウハウを研究して、実践することは、大きな効果をもたらしてくれる。

Leverage Thinking

第4章

知識のレバレッジ

人が生きている限り、奪うことができないものがある。それは「知識」である。

——————ユダヤ人の教え

誰か他の人が用いて成功した目新しくて興味深いアイデア、そういうアイデアを探すことを習慣としなさい。
あなたのアイデアは、今あなたが実際に抱えている問題への応用においてオリジナルで独創的であればよいのです。

——————トーマス・エジソン

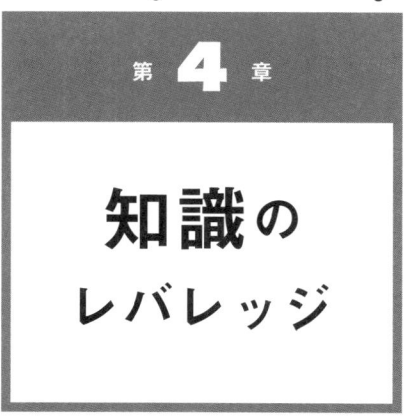

知識のレバレッジとは何か

ちょっと考えてみてください。あなたは、初めての目的地に出かけることになりました。さて、どのように車を運転するでしょうか。以下の三つから選んでください。

①とりあえず車を走らせながら、標識を見て進む。
②地図で近道を調べてから進む。
③カーナビで最短時間で行ける道を検索していく。

ほとんどの人が地図やカーナビを使う②か③を選ぶのではないでしょうか。そのうちより効率的なのは③です。カーナビというテクノロジーに投資をすることで、目的地まで最も効率的に到着できるでしょう。

ところが、人生やビジネスにおいては、③を選ばない人が多いのではないでしょうか。むしろ①を選んでいる人が多いように思います。

アナログであろうとデジタルであろうと、地図は最大の前例です。さらにレベルアップした知識を入れて効率化する人も多いのでしょう。たとえば、抜け道マップを活用したり、渋滞を避ける情報を地元の人から聞いたり、さらには道路公団のウェブサイトで混雑予想時間を確認し、それを避けて出発するという用意周到な人もいるはずです。

似たような例は他にもあります。出張のとき、目的地に早く到着しようと思ったら、事前にウェブサイトの交通機関の乗換案内サービスなどで、ルート検索します。近道を探すのはもちろんですが、電車や地下鉄でも新しい路線が開通しているケースもあります。ルート検索をしないと古い知識を使うことになります。いざ電車に乗ってから別の良いルートがあったことに気づいたり、さらに悪いと、目的地に到着してから新路線が開通していたことを知らされたりします。

こうしたことは誰でもやっていることではないでしょうか。しかし、**仕事や人生となると、近道である前例を学ぶために事前調査をしない人が多いのです。**

第1章の冒頭でもお話ししましたが、ビジネスパーソンのトレーニング（自己投資）時間は実に少ないのです。二〇〇一年の総務省統計局の社会生活基本調査によると三〇～五〇歳代のビジネスパーソンが一日に「学習・研究」「スポーツ」「交際・つきあい」に費やす時間は四〇分に満たないのです。

これをスポーツ選手のアウトプットである「試合」とインプットである「トレーニング」

の時間の割合と比較してみるとどうでしょうか。スポーツ選手は、試合時間を一とすると、トレーニングにはその四倍程度の時間を費やすでしょう。つまり、

「スポーツ選手の時間の使い方」　試合時間：トレーニング時間＝1：4

となります。ビジネスパーソンの場合、アウトプットは仕事です。その時間は一日に一〇時間程度でしょう。主なインプットである「学習・研究」だけに注目すると、その投資に費やす時間は一〇分ですから、

「ビジネスパーソンの時間の使い方」　投資時間：仕事時間＝1：60

となり、あまりにも少ないのです。

これはとてももったいないことです。仕事をするうえでも、事前に良いやり方を知っておくということがとても大切なのです。

また、多くの人が前例の宝庫であり、手軽に入手できるはずのビジネス書を読んでいません。労働力人口六五四二万人に対し、年間トップセラーとなるビジネス書の部数はだい

たい三〇万部くらいでしょうか。年間トップセラーとなるビジネス書は、ビジネス書を読む人ならば、ほとんどの人が読んでいると考えてよいでしょう。とすると、労働力人口のうち、ビジネス書を読んでいる人は〇・四六％に過ぎないことがわかります。

これはビジネスパーソンの学習量の少なさを端的に表しているといえるでしょう。逆に言えば、知識の投資をすることで、アタマ一つ抜け出すのは簡単なことなのです。

ただし、**知識への投資は単なる勉強ではありません。あくまで投資なのですから、リターンを得るために行う行為です。常にリターンを追求するROI（投資収益率）意識が必要です。**

本章では、このように知識に投資をし、レバレッジをかけることでDMWLを達成する方法を紹介していきます。

まず最初に、すでにある知識にレバレッジをかける方法としての、前例から学ぶことの

■ 知識のレバレッジ

1 前例に学ぶ
- メディアとして体系立っているもの
- セミナー、通信教育
- 体系立っていないもの

2 効果的に活かすテクニック

3 レバレッジ・ミーティング

メリットとそのラインナップ、レバレッジ・リーディングをはじめとするインプットの技術、そして、最後に、周囲を巻き込んでより優れたアウトプットを生み出す手法について解説していきます。

一から一〇〇を生む

知識にレバレッジをかけ、ＤＭＷＬを実現する。その基本は、「一から一〇〇を生む」です。「ゼロから一を生む」ではありません。

「ゼロから一」は、非常にクリエイティブな作業です。発明といっていいでしょう。かかる労力も時間も膨大です。そして、エネルギーをかけたにもかかわらず、成果がたいして上がらないことや、失敗するリスクも高い。せっかくの努力が徒労に終わるかもしれません。一方の「一から一〇〇」はレバレッジです。すでにある一の質を高めたり、付加価値を加えるという方法は、少ない労力と時間で成果が上がります。

一握りの天才を除いたほんとんどの人は、誰か成功した人のやり方を学んで、そこに自分なりの応用を加えるのが成功の近道です。試行錯誤に労力と時間を使うのではなく、すでにある一の質を高めたり、付加価値をつけたりしたほうが、少ない労力と時間で済み、成果が上がりやすいのです。

後に紹介しますが、スポーツでは「一から一〇〇」は当たり前です。良い前例・ノウハウをまねることからスタートします。その反対に、ビジネスでは「ゼロから一」という発想に陥りがちです。しかし、成果を上げるなら「一から一〇〇、さらに無限大」という発想やノウハウを学ぶことが大切です。

藤田田さんは、『Den Fujitaの商法② 天下取りの商法』（ベストセラーズ）の中でノウハウの重要性についてたびたび言及しています。藤田さんは「『ノウハウ』とは、『有効な時間の使い方』ということもできる。つまり『ノウハウ』とは、仕事をするときに、いかに限られた時間を有効に使ったら儲かるか、ということである」とし、「**ノウハウがなぜ必要かというと、現代が時間不足時代に突入しているからである**」と述べています。

かつてのノウハウが明文化されていなかった時代と現在とでは、技術習得にかかる時間に歴然とした差がありました。たとえば鮨職人の世界です。以前はノウハウが明文化されていなかったので、暗黙知で経験から学んだり、師匠のやり方を見て盗むといったことが重要で一人前になるまでに何十年という長い時間がかかりました。ところが、今では一流鮨職人の体系化されたノウハウが本や雑誌、テレビなどで明文化されています。そうした情報を得ることができるようになり、三〇歳代の鮨職人の方々が活躍できるようになっています。

若手の鮨職人はノウハウを学び、知識にレバレッジをかけ、大きな成果を上げているのです。つまり、何十年もの修業を積まないと一人前になれないという時代ではなくなったということです。

これはビジネスパーソンも同じです。かつてのように一定年数の経験を経ないと一人前になれないということはなく、ノウハウを学ぶなど、一人前になるまでの時間を短縮する努力をすることにより、成長のスピードを上げることができるのです。

成功者はみな前例にレバレッジをかけている

過去の優れたプロジェクトを見ても、物事をやり始めるときに、全く新しいものをゼロからつくりあげるケースはほとんどありません。ベースになるモデルを磨き上げ、新しいアレンジを加えて、より精度の高いものに改良していくというのが基本です。

大発明といわれるものの多くも、すでにある一を一〇〇にしたもので、多くの発明が、実は模倣や改良の産物であるようです。かの発明王トーマス・エジソンもこんなことを言っています。

「革新に本当に必要なのは、既存の優れたアイデアを発掘して、保存して、それをどういう形で自分のニーズに応用することができるかを考える作業に集中することなのです。新しいアイデアを探すことは電気や自動車をもう一度発明することではありません」(『アイデアをいただいてしまえ!』スチーブ・リブキン/フレイザー・サイテル著、ダイヤモンド社)

前例を参考にしていたのは、発明家だけではありません。経営者やスポーツ選手、その他にも多くの成功者がこのやり方をしています。たとえば、ソニー元会長の出井伸之さんは著書の中でこんなことを言っています。

「入社以来、私が一貫して勉強したのは松下という企業でした。私は松下幸之助さんが大好きで、ほとんどすべての著書を興味深く読んできました」(『迷いと決断』新潮新書)

これを見ると、出井さんが他者から学んでいたことがわかります。こうした考えを持つ経営者は実に多く、世界最大の小売業であるウォルマートの創業者サム・ウォルトンも

「私がこれまでやってきたことはほとんど誰かのまねだ」と語っています。

さらに、シアトル・マリナーズのイチロー選手もこんなことを言っています。学ぶことは決して恥ずかしいことではないのです。

「最初はまねごとみたいなところから始まりますよね。いろいろな人のフォームをまねてなんとなく今の自分がいるという感じがあります」(『夢をつかむ――イチロー262のメッセージ』ぴあ)

時間に限りがあるから学ばざるをえない

なぜ多くの成功者が前例に学ぶのでしょうか。実は、現状からゴールまでを俯瞰し、逆算すると、多くのやるべきことが見えてきます。その瞬間、**限られた時間の中で成果を上げるには、他者から学ぶのが一番良いとわかるからです。**

世界ナンバーワンのカリスマコーチといわれるアンソニー・ロビンスは、こう言っています。

「世界を動かしているような人は、えてして他人の優れているところを盗むことに長けている。彼らは『他人の経験を手本とし、成功のエッセンスを学び取る技術』を習得している。そうすることで時間という貴重な資源を有効に活用しているのである。事実『ニューヨーク・タイムズ』紙に掲載されるベストセラーの大半は、『物事をより効率的に学ぶための方法』を論じたものだ」(『一瞬で自分を変える法』本田健訳、三笠書房)

積み上げ型で仕事をやっていると、時間に限りのあることに気づきにくいのです。ですから、近道を考えようという発想も生まれません。日々積み重ねて、毎日「今日はこれをやろう」と考えて仕事をしてしまうのです。

しかし、まじめで賢い人は他人のやり方を参考にすることを「よし」としません。人まねに抵抗があり、何でも自分なりのやり方で地道な努力をしてしまうのです。近道を通るのが許せないのかもしれません。

すると、どうしても労力と時間のわりに、得られる成果は少なくなってしまいます。ときには的外れな方法をとってしまうことも多いのです。たとえば、まじめにコツコツと教科書を勉強し、学校の成績は抜群に良いのですが、大学受験では成果を上げられないという人がいます。

他者に学ぶことは悪いことではありません。むしろ素晴らしいことなのです。安心して他者から学んでください。これまで紹介したように多くの成功者が前例に学んでいるのです。出井さんも、イチロー選手も前例に学んでいるのです。さらにイチロー選手は、

「メジャーリーガーのすごいところは一度すごい選手だと認めたら、二五〇〇本もヒットを打った選手でも、聞きにきます。それが偉大な点です」（前掲書）

と、他者から学ぶことを「偉大だ」と表現しています。二五〇〇本もヒットを打った選手が、ゼロからバッティングを考え直して、さらにすごいバッターをめざすのは難しいでしょう。それよりもイチロー選手を認め、彼から学ぶ、自分に参考になるものがあれば取り入れるというやり方のほうがはるかに効率的なのです。

自分に似たタイプから学ぶ

前例として他人の経験を手本とする場合、重要なのが、**学ぶ相手をやみくもに選ぶのではなく、自分に似たタイプの人のやり方を参考にすることです。**

ニューヨーク・ヤンキースの松井秀喜選手は、著書『不動心』（新潮新書）の中で、「（大リーグの選手と自身を比較して）心の底から『すごいな』と思いますし、部分的には参考になるところもあります。しかし、体格が違うところで彼らのようなバッティングをめざしたら、バッティングが狂ってしまいます」と言っています。

つまり、自分と似たタイプの人の経験、前例、ノウハウなどを探してまねることが大切なのです。トレーニングをする場合でも、初心者がK1選手のトレーニング方法をまねしても成果は得られません。これと同じことです。

わたしの受験勉強の例でお話ししましょう。わたしは「合格体験記」を読んでKSFを探しましたが、この場合も成功者のやり方なら、何でもまねてよいというわけではありません。わたしは高校二年生までは全くといっていいほど勉強していませんでしたから、残りの時間は一年間しかありませんでした。そこで一年間の受験勉強で合格した人の体験記を読みました。

高校一年生のときからノートをつくって予習、復習をコツコツしていた人の勉強法は、たとえ東大理Ⅲに現役合格した成功者のやり方でも、わたしには役に立たないのです。高校三年から予習、復習をコツコツやって現役合格などできるわけがありません。また、志望校によっても勉強法は違います。試験問題に特徴がありますから、それによって自分に合う大学を決めます。

そして、その大学に一年間の受験勉強で合格した人の体験記を読みました。一年間の受験勉強で合格した人の体験記を読むと、「記憶に刷り込むために書くことは重要だが、きちんとしたノートはつくらなかった」「○○○という参考書を三回繰り返した」などと書いてありました。

わたしは自分に似たタイプの人の体験談から勉強法を学ぶことにまず時間をかけ、そして実行しました。いきなり参考書を読んだり、問題集を解いても、大学合格という成果を上げることはできなかったでしょう。

これはビジネス書から知識を得る場合も同様です。自分の目的を明確に定めたうえで、自分とタイプの似た人のノウハウを参考にします。知識のレバレッジをかけようと思っても、自分とタイプが違っていてはレバレッジをかけようがないのです。

それでは、前例を学ぶ手段として、どのようなものがあるのでしょうか。わたしは次の三種類に分類しています。

①メディアとして体系立っているもの

②スクール、セミナー、通信教育として体系立っているもの

③体系立っていない他人の体験

①は、書籍や、新聞・雑誌、テレビなどがあたります。これらは、それぞれのテーマや媒体のカラーごとに編集されて、体系的にまとめられたものです。わたしは書籍はビジネス書を年間四〇〇冊、雑誌は月に約二〇誌に目を通しています。以下では、効率的読書術である、レバレッジ・リーディングをベースにその応用方法について、紹介します。

②は、試験の合格方法や投資の成功法など、うまくいった実例をもとに教えてくれるようにまとめられているので、うまく見極めて学ぶことで、前例にレバレッジをかけ、大きな成果を得ることができます。

③は、会社の先輩や同僚、他企業のやり方など、体系立ててまとめられてはいませんが、実践されている方法を学んで取り込むことで、レバレッジをかけるのです。

以下では、それぞれについて、具体的に紹介していきましょう。

自己投資法としてのレバレッジ・リーディング

まずは、メディアの一つとして、ビジネス書にレバレッジをかけることを紹介します。わたしはそのノウハウを『レバレッジ・リーディング』（東洋経済新報社）という本にまとめましたが、ここではその内容を簡単にまとめましたので、すでに同書を読まれた方は、読み飛ばしてもかまいません。

読書も自己投資です。ビジネス書の値段は平均一五〇〇円程度です。この一五〇〇円の本から学んだことをビジネスに活かせば、元が取れるどころか一〇〇倍のリターンを生みます。

ビジネス書には、著者が長年の努力で獲得した知識・ノウハウが詰め込まれています。著者の数十年分の努力や試行錯誤の軌跡が、数時間で理解できるようコンパクトにまとめられています。それがわずか一五〇〇円で手に入るのだから割安です。

読んで著者の知識・ノウハウを獲得し、さらに自分なりの工夫を加えれば、スピーディーかつ最小労力で成功にたどりつけます。

わたしは予定が詰まっているときでも、一日一冊以上のビジネス書を読んでいます。年間にすると四〇〇冊程度になります。読書に費やす時間は早朝の一時間程度です。一時間で一冊読み、そこから知恵を学び、自分のものとして応用し、一〇〇倍のリターンを生む技術。それが「レバレッジ・リーディング」です。

一冊や二冊を読んだだけでは足りません。できるだけたくさんの本を効率良く読み、多くの人の成功のプロセスを吸収することが必要です。これにより**累積効果が出て、パーソナルキャピタルのいわば「含み資産」がどんどん増えていき、条件反射的に実践で必ず活用できるようになります**。

読書を始める前には、まず読書は問題解決のために行うものと意識します。たとえば、「自分の人生の目標は何か」「現状の課題は何か」という大きな目標を持ちます。すると今の自分に必要なのはどの本かわかるでしょう。

次に、本文を読む前に、本全体をざっと眺めます。私はカバーのソデや奥付にある著者プロフィールを見ます。次に帯を読み、カバーの表ソデを読みます。それから「まえがき」「目次」「あとがき」を眺めます。こうすると大枠が見えてきます。そして、本を読む目的を改めて確認し、ページを開きます。

このように事前に一手間をかけることで、格段に効率的に読めるようになります。重要なところと、そうでないところの見極めがはっきりつくようになるのです。どうでもよい

■ 本からエッセンスを抽出する

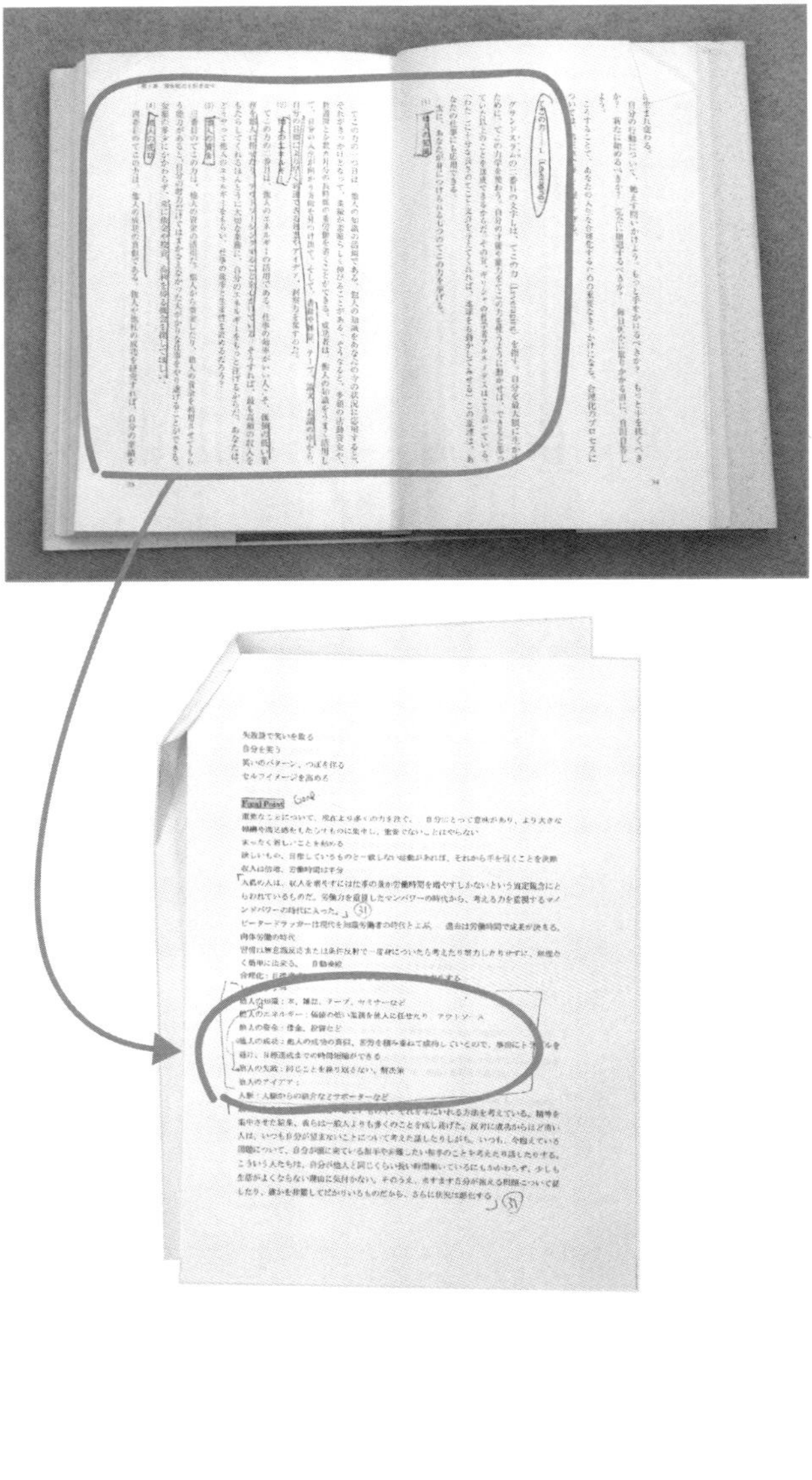

ところは飛ばし読みすることができるので、読むスピードが速くなります。こうすることで一冊の本を短時間で読み終えることができます。目的を意識しながら読むと、内容もよく吸収できるのです。

読書中はまず、読みながら重要だと思ったところに線を引きます。そして、より重要だと思ったところには☆印をつける。線を引く部分が多いときは全部に引くのも大変なので四角で囲みます。そして、線を引いたページは角を内側に折ります。そうすれば後からでもすぐにそのページを開くことができます。

本を読んでひらめいたアイデアや、著者の主張に対する自分の考えは、余白や白紙のページにどんどん書き込んでいきます。「自分だったらどうするか」をシミュレーションしながら読んでいくと、アイデアがどんどん出てきます。それを余白に書き込んでいきます。

読み終わったら、線を引いたり、印をつけた部分をパソコンに入力します。ワープロソフトで体裁を整える必要などありません。私はいつもプレーンテキストです。

それをA４判サイズのコピー用紙にプリントアウトします。このメモはさまざまな本の中で、自分の問題解決につながる重要ポイントを集めた「究極の本」となります。

私はそれを「レバレッジ・メモ」と呼んでいます。私はこのメモを常に持ち歩き、電車がホームに入ってくるのを待つ間、タクシーに乗っている間、アポイントの相手が現れるまでの時間など、ちょっとした時間にパラパラめくって眺めています。そうして内容を頭に焼きつけ、実践して自分の身につけていきます。

レバレッジ・メモに限らず、隙間時間にインプットできる、雑誌、書籍、雑誌の切り抜きなどは常に携帯しておくとよいでしょう。**知識投資は隙間時間にも十分できます。**

本の内容を実践してこそレバレッジがかかる

大事なのは、本から得たノウハウをレバレッジ・メモにまとめ、繰り返し読んで条件反射的に行動できるようにし、実践でどんどん活用していくことです。読んだだけで実行しなければそれで終わりです。インプットするだけでは、ただの自己満足にすぎません。もちろんレバレッジはかかりません。いかにアウトプットするかが勝負です。

前例を学んでもその使い方を間違えてはいけません。シェフが料理本を読んだときと、素人が料理本を読んだときでは、決定的な違いがあります。それは何でしょうか。

シェフは料理本に書かれている情報をもとに収益を上げようとします。だから、読んで良さそうな部分を実践し、それに工夫を加えてお金に換えます。シェフは料理本を読んだら、必ず料理をつくります。

しかし、素人は読むだけで満足してしまい、読んではみたものの料理をつくらないケースも多いのです。

知識を仕入れることは重要ですが、それを実践に移すことはさらに重要です。実際にやってみると知識がそのまま使えるわけではなく、自分なりに多少のアレンジを加える必要性が出てきます。知恵化が必要なのです。

旅行でも、実際に行ってみると、旅行ガイドを見ていただけではわからなかったことがたくさんあるでしょう。ガイドブックに載っていたホテルの写真と実際のホテルは大違いであったり、「A市からB市までは車で三時間」と書かれていたのに、実際には新しいハイウェイが建設されて一時間で行けたということもあります。

読むことが重要なわけではなく、情報をどのように実践で役立てるかが大切なのです。行動することで知恵はブラッシュアップされ、選択肢も増えていきます。さらにそれをどうお金に換えるかということが重要なのです。

その他メディアとのつきあい方

次に、ビジネス書以外のメディアとして、雑誌、テレビ、ウェブなどとのつきあい方を紹介しましょう。

雑誌は月間約二〇冊を読んでいます。ビジネス関連では、『日経ビジネス』『週刊ダイヤモンド』『週刊東洋経済』『AERA』『プレジデント』『日経ビジネスアソシエ』『The21』『宝島』『Think!』『GQ』『GOETHE』『クーリエ・ジャポン』といった各誌を定期購読ないしは、書店で購入しています。また、海外の雑誌も取り寄せたり、新聞広告で見たり書店の店頭で興味を持った雑誌をそのつど購入しては、読んでいます。

読み方は、ビジネス書のレバレッジ・リーディングと同じです。読む前に一手間かけて、それから、自分にとって必要な記事のみをピックアップしていくようにして、アクティブに読むようにします。読後には、レバレッジ・メモに残して、活用できるようにします。

テレビは、「ニュースモーニングサテライト」「ワールドビジネスサテライト」「ガイアの夜明け」「ソロモン流」「カンブリア宮殿」（以上、テレビ東京）、「真相報道バンキシャ！」（日本テレビ）、「報道特集」（TBS）、「ワールドニュースアワー・アジア」（NHK衛星第一）を定期的に視聴しています。

テレビはフローの情報が多いので、いかに効率的に自分が必要なものを見つけるかに集中します。方法としては、生放送では見ずに、見たい番組はハードディスクに録画し、決めた時間に、レバレッジ・リーディングと同様、必要なところは通常の速度、必要ないところは一・五倍速から飛ばして見るのです。いわば**アクティブ・ウォッチング**することにしています。

たとえば、「ニュースモーニングサテライト」は一時間番組ですが、一・五倍速にして、朝の入浴後の一〇分間で見ます。テレビを生で見るとパッシブ・ウォッチングになってしまいますが、録画して決めた時間に見ることでアクティブ・ウォッチングに変わります。おもしろく思ったところは、メモに残しておくようにします。

ウェブは随時必要な情報を検索して見ることが基本ですが、これはみなさんも実践していると思います。わたしはその他に、RSSリーダーを利用して、更新情報が常に入ってくるような仕組みをつくり、必要なものだけ見るようにしています。また、自分のビジネスや関心に沿うようなメールマガジンを見つけては、定期購読しています。

このように、メディアにはいろいろな媒体がありますし、手軽にアクセスできるので、自分に合った前例を見つけるのは案外易しいことのように思います。**これらのメディアはすべてレバレッジ・リーディングの方法を応用することで、効率的に吸収できます。**

しかし、前例を知るだけで安心していてはいけません。投資として考え、その余った労力を吸収した知識に対して、知識資産としていかに活用するか、いかにレバレッジをかけていくかに振り向けることができるのです。

スクール、セミナー、通信教育とのつきあい方

第二の前例学習法として重要なのは、スクール、セミナーや通信教育です。うまくいった実例をもとにつくられたノウハウを体系立って教えているものは、それをまねするなり、応用するなりすれば、かなりの成果が得られるはずです。個々に対応が可能なスクール、セミナーや通信教育では、本よりも受け手にとってカスタマイズされた知識を与えてくれます。

世の中にあるうまくいった前例に学び、レバレッジを効かせていくことで効率良く成果が上げられます。これらは、単に知識を得られるだけでなく、ペースメーカーとしての役割もあります。

また、セミナー会場などでは、同じ目的を持っているメンバーが集まりますので、お互いに情報交換などをしあうことで、よりレバレッジを効かせていくことができるようになります。

外部のノウハウにレバレッジをかける

第三の前例学習法は、先輩や同僚、他企業のやり方を学ぶことです。まず、わたし自身が他企業のやり方に学んだケースをお話しします。

二〇〇〇年頃、わたしは株式上場に向けてＩＲ活動を行わなくてはいけなくなりました。それまでＩＲ（インベスター・リレーションズ＝企業が株主や投資家に対して、投資判断に必要な情報をタイムリーに開示していく活動のこと）についての知識は全くありませんでした。当時はまだ企業のＩＲ活動が義務づけられておらず、ＩＲを学ぶための本も少なく、あったとしても古い考えに基づく概説的なものが多く、実務にはあまり参考になりませんでした。

ところが、当時の売上一五億円、利益三〇〇〇万円程度の会社でしたから、ＩＲ担当者を新たに採用するとか、ＩＲコンサルタントを雇うようなお金はありません。だからといって、ゼロからＩＲのやり方を学んでいたのでは多大な労力と時間がかかり、いつになったら成果が上がるのかわかりません。

そこで、わたしたちは前例に学びました。ＩＲ活動のうまい企業、ＩＲに多額の資金を投じている企業、なおかつ自社に成長性や方向性の似ている企業をピックアップし、そこがどのようなＩＲ活動を行っているのか徹底的に分析しました。一部上場企業、重厚長大産業にもＩＲの優れた会社はもちろんありましたが、大企業のＩＲをまねても仕方ないのです。自分たちの方向性に合ったもの、上場したてで、注目度の高い企業を五社ほどピックアップし、自分たちに合った形に改良していきました。

他社が時間と労力を費やしたものを参考にしながらＩＲを作成した結果、相当なコスト削減、時間削減ができたと思います。よりレベルの高いものを最短のスピードでつくり、かつリスクもありません。その結果、大和インベスター・リレーションズの「インターネットＩＲ優秀企業賞」とＪＡＳＤＡＱの「ＩＲ優良会社」という、二つのＩＲ大賞をとることができました。

ゼロからＩＲについて学んでいたら、これほどの成果は得られなかったはずです。時間と労力を費やしても、きちんとしたものができるとは限らないのです。成果が上がるかどうかもわかりません。ゼロから一ではなく、一から一〇〇をつくる方法をとりました。

このように外部のアイデアに対してレバレッジをかけることによって、自分のものにできます。自分の課題をクリアするための良いモデル、前例は世の中にたくさんあります。そうしたものから学び、自分なりのアレンジを加えることによって最短距離で成果を上げることができます。

もっと身近な例でお話ししましょう。

あなたが営業マンなら、先輩で成績が優秀な営業マンの中で自分に似たタイプの人を探してみましょう。その人に同行して、何がうまくいっている秘訣なのかを見つけ、自分の仕事に応用できるようにするのです。わたしは新入社員として営業マンをしていた頃に、こうしたことを意識して実践していました。

レバレッジ・ミーティングのすすめ

こうして身につけた前例ではありますが、レバレッジ・メモをつくっているだけでは、自分の中で完結してしまいます。**チームの知識レバレッジをかけることで、より大きなDMWLをかけることができます。**

チームを活性化させるためにレバレッジ・リーディングを応用し、レバレッジ・ミーティングを実施したケースを紹介しましょう。

わたしは、個人向けに投資教育を行う日本ファイナンシャルアカデミーの役員をしています。

マーケティング戦略の一つとして、インフルエンサー・マーケティングに注目したわたしは、本田哲也さんの「インフルエンサー・マーケティング」(『Ｔｈｉｎｋ！』二〇〇六年秋号掲載)と神田昌典さんの『口コミ伝染病』(フォレスト出版)、わたしのレバレッジ・メモを社員全員に渡し、ミーティングを行いました。

そもそも「インフルエンサー・マーケティングをやろう」といっても、参加者全員のそれらの知識やノウハウ、経験のレベルが一致しているわけではありません。単に、事前に本を読んで勉強してきなさいというのでは、レバレッジはかかりません。また、一から考えてきてというと、なかなか実践的なアイデアが出てきません。

そこで、**事前に資料を読んできてもらい、そこから得られた成功しているノウハウを基礎知識として持たせて、それを自社にどう応用したらよいかを考えてもらうこと**で、実に効率的かつ実りのある議論ができ、そこから良いアイデアが多く生まれてきました。

このように、戦略やプロジェクトの立案に際して、自分が読んだことのある本を、他の人にも読んでもらうことのメリットは大きいのです。同じ本を読むことで、共通ノウハウを持つことができます。本の内容を他者に口で説明するのは難しいのですが、実際にその本を読んでもらえば話は早い。内容を誤解されることもないし、価値観を共有することもできます。純粋に自社のケースに応用することだけに注力すればよいのです。

■ レバレッジ・ミーティングのメリット

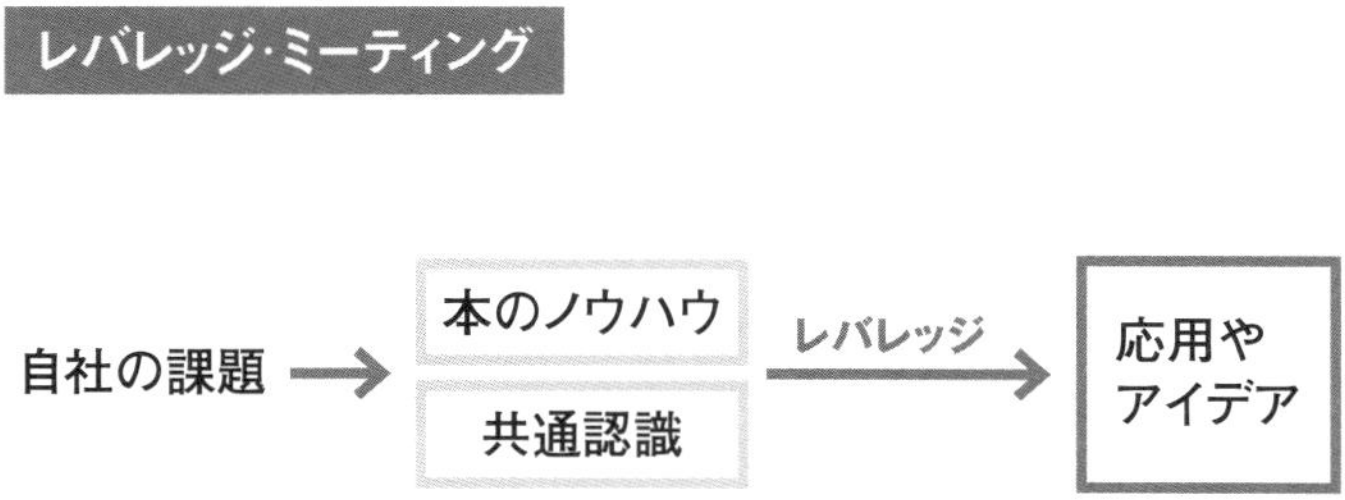

参加者のレベルに左右されず、一定の成果が出る

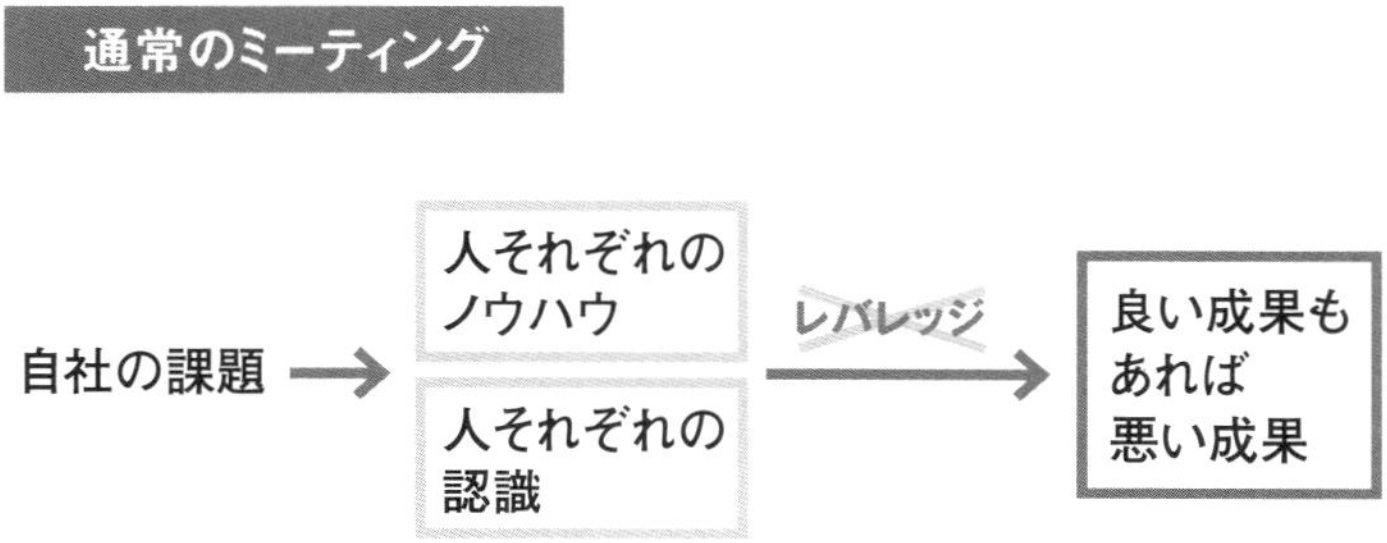

成果は参加者のレベルに左右される

大切なのは、現状のビジネスに役立てられる本を読んだら必ずレバレッジ・ミーティングをすることです。一からの空白の状態でミーティングをすると、その成果は、メンバーから出てくるアイデアの足し算、悪ければ引き算になってしまいますが、この方法では、**まず自分がビジネス書を読んで一段階レバレッジがかかり、このチーム・ミーティングを経ることで、二段階目のレバレッジ、つまり乗数の効果がかかるようになるのです。**こうしたハイレベルなミーティングでは、わたしの経験上、一〇〇倍くらいのレバレッジがかかるようになります。

会社を回復させたレバレッジ・ミーティング

もう一例紹介しましょう。

前述の会社は二〇〇一年に上場しましたが、その後まもなく業績不振に陥りました。設立以来、増収増益が続いていましたが、その時期に大きな取引先が事業から撤退したため、その分の売上が消えたことが不振の要因でした。

しかし、本当の問題点は、取引先を失ったことではなく、失ったことに対して「仕方がない」という「あきらめムード」が社内に広がったことでした。事業マーケットそのものは伸びていたのですから、一つの取引先を失ったからといって、別の取引先を開拓すれば回復する余地はあったのです。しかし、そういうアグレッシブな動きが社内にありませんでした。業績が良いときには、「それは自分の成果だ」という人は多いのですが、悪くなると誰のせいでもなくなってしまいます。

問題点を一言で言えば、当事者意識が薄かったのです。当事者意識とは、評論ではなく、「自分だったら何をするか」「自分ならどうやるか」を常に考えることです。人の行動を批判する、コメントするだけではなく、批判するのであれば、その代替案を必ず提案し、自分ならこうやると発言し、実行することです。

当事者意識の薄れてしまった組織に対し、「業績が悪いのだから頑張ろう」と言ってもなかなかうまくいかないものです。

そんなときに大きなヒントを得たのが、三枝匡さんの『V字回復の経営』（日本経済新聞社）でした。本の内容を簡単に言うと、業績不振の会社で、当事者意識の欠如した社員がミーティングによって少しずつ変わり、当事者意識を持つようになることで経営改革を成功させるというストーリーです。

当社は、『V字回復の経営』に描かれている会社によく似ていました。業績不振に対し、社員が「人ごと」になっていました。だからといって、「人ごとではなく当事者意識を持ちましょう」と幹部が口で言っても社員の心には響かないものです。

そこでわたしは、「ここに書かれている内容が当社の状況に似ているから」と、『V字回復の経営』を全幹部に読んでもらいました。その際に、本と一緒にわたしが『V字回復の経営』を読んで作成したレバレッジ・メモも渡しました。メモの一部には、こんなことを書きました。

・沈滞企業では大人気ないと思われているが、激しい議論をすべき。
・トップがハンズオン（現場主義）の経営スタイルをとらない限り、組織の危機感を保つことはできない。
・営業活動のエネルギー配分が管理されていない。営業マンの行きやすいところを会社として攻めるべきではない。

これによって私が本の内容の、どの部分を重要と考えているかを伝えることができました。ただ、「この本はいいから読んでおいて」と手渡すよりも、焦点を絞ることができます。

次に、アンケートをとりました。『V字回復の経営』には、いくつかのタイプの社員が登場します。経営改革に際して、リーダーシップをとるタイプ、抵抗するタイプ、傍観するタイプなどです。まず、自分がどのタイプかを事前アンケートし、経営改革における自己の位置づけを確認してもらいました。

そのうえで合宿ミーティングを行いました。本を読んだうえで行う「レバレッジ・ミーティング」です。『V字回復の経営』を事前に読んでいたため、全員が「自分は改革メンバーである」という共通意識を持ってミーティングに参加していました。

そして、自分たちはこれからどうすべきかを話し合うことができました。会社の良い点、悪い点、これからどうしていくべきかを話し合い、ときには怒号の飛び交うような激しいディスカッションが十数時間も続きましたが、次第に方向性が見えてきました。

最も大きな収穫は、社員の意識が変わり、その後、いろいろな施策を打つと、それが実現するようになったことです。会社の業績もV字回復を実現することができました。

このように、レバレッジ・ミーティングでは、**本を読み、共通言語を持って会議に参加するので、ベクトルがぶれないで、質の高い話し合いができます。**

自社の場合で言えば、『V字回復の経営』という「奇跡の復活を遂げた企業のストーリー」を読むことで、回復のためには各自が当事者意識を持つ必要があることを理解していました。それをもとに会社の問題を明らかにし、一人ひとりがどう行動するかを話し合い、具体的な行動に移したわけです。もし本を読んでいなかったら、社員が当事者意識を持つことは難しかったでしょう。

共通言語や共通認識がないのに、「目標に向かって頑張ろう！」と言ってもなかなか難しいものです。たとえば、業績不振の部署に対し、「もっと頑張れ」といっても、「頑張れ」という言葉の定義は人によって違います。「わかりました。頑張ります」と言いながら、全く違う方向に走り出すメンバーもいるでしょう。会社は社員のパワーが一つに集中しなければ成果は上がりません。

一冊の本を全員で読むと、そこにおける「頑張る」とは具体的に何をすることなのか、「問題を自分のこととして捉える」とは、どういうことなのかが明確になるのです。

レバレッジ・メモで投資を行う

レバレッジ・メモは、本を読んで自分の課題を解決するのに役立ちそうな情報をピックアップしてまとめたものです。人生の目標に到達するための情報、課題を解決するための情報などが抽出されているので、自分の人生の攻略本のようなものができあがることになります。

レバレッジ・メモは作成し、実践に活かすべきです。たとえば、わたしは毎年年末に、レバレッジ・リーディングを使って経済予測を立てることを習慣にしています。年末は「経済予測本」を多読し、翌年および今後三年間の見通しを立てます。

まず本を読み始める前に、自分なりの仮説を、それまでの知識と経験から立てます。たとえば、「今後三年間のうちに中国、ロシア、インドで個人所得が急増する」「人口増と中流層の所得向上により食糧品の需要が高まる」「富裕層が増えることで高級商材の需要も高まる」などです。

仮説を持たずにいきなり本を読むと、焦点が定まっていないので、重要だと感じるポイントがいくつも出てきます。線を引こうと思ったら、線だらけになってしまいます。しかし、事前にしっかりとした仮説を持っておけば、仮説を検証するための読書に変わり、一冊にかかる時間も少なくなります。

仮説を立てたら「経済予測本」を二〇冊程度読みます。何冊も読んでいると、自分の仮説に一致する意見もあれば、相反する意見もある。双方の意見を見比べながら、客観的に考え、よりしっくりきた記述に線を引き、あとからレバレッジ・メモにまとめていきます。

そして、このメモを実際に活用します。たとえば、投資先を決定する際の参考資料にします。レバレッジ・メモにまとめたあとも、繰り返しメモを読み、自分の考えにしっくりする部分に赤線を引いたりして、使いこなしていきます。

一年間メモを見ながら、予測の意味合いを考えたり、違ったのはなぜかと何度か検証します。たとえば、本では原油は上がるという展望が多くても、実際には値を下げるといったケースが出てきます。そうしたときにその理由を検証し、また、原油が下がることが、この先にどのような影響を与えるかと考えます。

第4章 まとめ

・知識への投資は単なる勉強ではない。常にリターンを追求する意識が必要。
・知識のレバレッジの基本は「一から一〇〇を生む」という発想。成功した人のやり方を学んで、そこに自分なりの応用を加えるのが成功の近道。限られた時間の中で成果を上げるには、この方法が最も効果的。
・成功者はみな前例にレバレッジをかけている。自分に似たタイプに学ぶのが基本。
・ビジネス書の多読法であるレバレッジ・リーディングは、読書後にレバレッジ・メモをつくって実践することでレバレッジがかかる。雑誌やテレビ、ウェブでも応用可能。
・スクール、セミナー、通信教育は、本よりもカスタマイズされた形で、前例を体系立てて教えてくれる。
・先輩や同僚、他企業など外部のノウハウにレバレッジをかける。
・レバレッジ・リーディングの成果をチームでのミーティングにかけることで、チーム全体にレバレッジがかかり、乗数分の成果をもたらす。

Leverage Thinking

第5章

人脈のレバレッジ

現代は行為や情報を絶え間なく分かち合い、人と人とのつながりを通じてみんなが得をする時代なのだ。

――――――――――キース・フェラッジ

『一生モノの人脈力』

「“熱”のある場所に自らを持っていく」ことである。それは急成長している会社かもしれないし、何かの目標に向かって勉強している人達が集まる学校のようなところかもしれない。
“熱”は伝導するものだから、“熱”のある場所に行くようにすれば、そこから“熱”をもらってくることができるものなのだ。

――――――――――田中和彦

『あなたが年収1000万円を稼げない理由』

人脈のレバレッジとは何か

これまでパーソナルキャピタルの要素である、「労力」「時間」「知識」についてお話ししてきましたが、最後は「人脈」のレバレッジです。

わたしのこれまでのビジネスの成果は、すべていろいろな人との関係がベースになっていると言って過言ではありません。**人間が一人でできることは限られていますが、人脈によってレバレッジがかかると、自分一人で出せる成果の何倍もの大きな成果を生み出すことができるのです。**

ところで、あなたは人脈をつくる場合に、どのような行動をするでしょうか。

人脈をつくるというと、「力のある人を知っていること」といった勘違いをする人がいます。政治家とか財界人、一部上場企業の社長と知り合いであることです。だから、著名人にアポイントをとり何かをお願いするのです。

もしくは、単に名刺交換だけが目的となっていることもあるでしょう。異業種交流会など多くの人が集まる会に行くと、名刺交換だけに時間を使わざるをえなくなります。集まっている人たちの属性がまちまちであると、どういう人が集まっているのかがわかりませんし、目的や思い入れも違うので、相手がどういうことをしていて、どういう目的でこの会に来ているのかもわかりません。特に人数が多くなればなるほど会える人も少なくなってしまいます。そうなると結果的に名刺交換だけが目的になることも多いのです。

これは人脈とは言えません。単に名刺を持っているとか、単に自分のお願いをするだけです。こうした関係は長く続きませんし、効果も上がりません。

大切なのは、相手にどんなバリューを提供しているかです。また、**誰を知っているかではなく、誰に知られているかです。**「こんな有名人を知っている」という人がいますが、相手はその人のことを全く知らなかったり、少し知っている程度ということもあります。これでは何も意味がありません。

それでは、本来、人脈をつくるとはどういうことなのでしょうか。

まず、人脈づくりは長期スパンで考えるということです。**短期ではなく長期投資です。**短期スパンのつきあいはお互いWｉｎ－Wｉｎの関係を築かない限り続きません。それよりも五年、一〇年、二〇年といった長期スパンで考えることです。だから現在、有名であるとか無名であるとかは関係ありません。

それよりも、これから自分を成長させたいと思っている人、マインドの高い人とのネットワークが大切です。実際、わたしが現在出資し、役員をしている会社の社長たちとのつきあいは、短くても五年程度、長いと二〇年になります。

こうした年月を経ると、お互いにステージが上がってきて、ポジションや扱える仕事の責任が大きくなってきます。そのなかで人脈を保ち続けることによって、お互いに貢献できることが大きく増えてくるはずです。

■ **人脈のレバレッジ**

1. コントリビューション
2. パワフル・コネクション
3. パーソナルブランディング
4. マインド伝染
5. 他人の力

本章では、最初に、人脈づくりのベースとなるコントリビューション（貢献）、そして、より強固な人脈をつくり出すというパワフル・コネクションづくり、人脈を広げるにあたっての自分ブランドづくりについて紹介します。

そして、人脈から得られる効果としては、良い情報をもらえる、良い人を紹介してもらえる、必要な資金などが集まるというものがありますが、本書の最後では、マインドの高い人と接していることによるマインド伝染の効果と、他人の力をアドバイザーとして借りて、レバレッジをかける方法について説明していきます。

基本はコントリビューション

人脈をつくるうえでの基本は、相手にコントリビューション（貢献）することです。

興味のある人にアプローチする際、何かをしてもらいたいとか、誰かを紹介してもらいたいとか、自分の願いを最初に考えるのではなく、まずは相手に何かコントリビューションできないかと考えます。**もしコントリビューションできるものがなければ、そのときはアプローチせず、何かができそうなタイミングで行うとよいでしょう。**

そう考えると、今すぐ著名な人と会っても、まず何もコントリビューションできません。コントリビューションできる何かを持っているのならお互いに会う価値があると思いますが、そうでないのに会っても、相手もつまらないし、こちらも相手にしてもらえないでしょう。

それなら、直接会わなくても、本を読むかセミナーを聞けばよいのです。たぶん会ったとしても、名刺交換して終わってしまうケースがほとんどではないでしょうか。

相手がとても気さくな方で、あなたに何かをしてくれるということがあるかもしれません。しかし、それではテイクだけで終わってしまいます。それでは、その後につながる人間関係を育てることはできないでしょう。

そして、コントリビューションは「借入れ」が多くならないようにする必要があります。常に相手に対して、何を返せているかを意識するのです。いわば、コントリビューションバランスが一致してこそ、関係が強固なものになっていくのです。

ちなみに、私が一対一などで人を紹介するときも、片方だけにメリットがあるのではなく、双方にメリットがあるようなセッティングを心がけています。

人脈づくりには、まず貢献できる何かを持っていることが重要です。それに加えてマインドの高い、これから伸びていきそうな人とのネットワークを築くことが大切です。これから伸びそうな人に、自分の知人を紹介したり、集団の中でお互いに貢献しているとお互いにレベルアップし、組織そのものが伸びていくこともできます。

人脈づくりの考え方について、伊藤忠商事元社長の越後正一さんがこんなことを言っています。

「世の中というものは、自分のためばかり考えていると、結局は自分のためになっていないことが多い。人のためだと思ってやったことが、まわりまわって自分のところに返って

くるものだ」（松山太河編著『最高の報酬』英治出版）

コントリビューションは、大きくは顧客やメディアを紹介するようなこともありますが、小さなものであっても構いません。たとえば、相手にとって有益と思われる情報であったり、良かった本の話、著作のある相手だったら、その本の感想などでもよいでしょう。

基本は、「相手が興味を持つものか？」ということと、自分に投資し、相手が会ってもいいと思える人物になる努力をしておくことです。

コントリビューションベースの人脈づくり

人脈をつくる場合、まず、会いたい人がどういう人か、どんなニーズがあるのかを事前に考えます。だいたい多くの人はこの準備が不足しています。そのときに、まず相手について興味を持ち勉強します。**相手のことをきちんと知らないのに、会ってもらおうというのは間違いです。**

逆に、相手に会ってもらう理由を用意するのです。たとえば、

・相手の興味に合った本、情報、人を紹介する。
・興味を持ってもらえるプロフィールやブランディングを入れる。
・ミーティングに使えるいいレストランをストックしておく。
・話題になるような、ビジネス以外に提供できる情報（たとえば、海外、投資、ワイン、スポーツなど）を持つ。

といったことです。わたしの場合、会いたいと思った人がいれば直接メールします。おもしろいと思った本の著者にも、よくメールを送ってアプローチしています。今までメールを入れて会えなかった人は五％にも満たないでしょう。**断られてもマイナスになることは何もありません。**

次に、相手について勉強したうえで自分がどんなバリューを提供できるか、コントリビューションできるかを考えます。短期ではなく、長期でのリレーションシップをめざしているので、このような考え方になります。コントリビューションとは、すなわちバリューを提供することです。

ここでいうバリューには、良い本などの情報、プラスになりそうな人の紹介、ターゲットを絞った交流会の開催などがあります。また、ブログ、メルマガ、書籍を出すことによって多くの人に情報を提供するのもバリューを提供することになります。**関係性ができたら、不定期でもいいので、継続的なコンタクトおよびバリュー提供を行います。実は関係性をつくるよりも継続するほうが難しいのです。**ただし、去るものは追いません。いろいろなバリューを提供しても全く興味を持ってもらえないことがあります。その場合は仕方がないとあきらめることも大切です。

そして、**こうした人脈ができたら、その人たちをつなげていきます。こうすることでパワフルなコネクションになっていき、ひいては、レバレッジ・ネットワーク、つまり、そのネットワークのメンバー全員にレバレッジがかかってくるのです。**

このようにしてつくった人のつながりは大切にすべきです。「六次の隔たり（Six Degrees of Separations）」というネットワーク理論での研究があります。これは人は自分

■ 人脈づくり

相手を知る、どんなニーズがあるか
↓
自分がどんなバリューを提供できるか
↓
関係性ができたら、継続的なコンタクトを
↓
人脈同士をつなげる

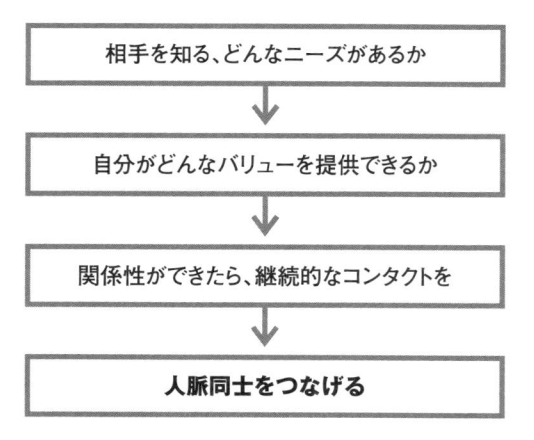

の知り合いを六人以上介すと世界中の人々と間接的な知り合いになれるという説です。これはその後、さまざまな形で検証されました。六人つながるとほとんど誰とでもつながると考えれば、なおさら人とのつながりは大切にすべきですし、何かで助け合えることが確実に出てくるでしょう。

会の主催でパワフル・コネクションを

人脈にレバレッジをかける最もパワフルな方法があります。自分自身で会を主催することです。既存の人脈をより強固にし、さらには新しい人脈も広げられます。

会を主催するときに、単におもしろい人が集まっているというと、会ってもあまり意味がありません。その場は盛り上がっても後に続かないというケースも多いのです。

会を主催するときには、セグメンテーションが大切だと思います。そして、参加者全員にメリットがあることが大切です。そうすると会自体にバリューができ、参加者には次もまた参加したいと思ってもらえます。

わたしは現在、「ビジネス書の著者兼経営者の会」というものを主催しています。「ビジネス書の著者」ということではセグメントが広すぎますが、「経営者」というフィルターをかけることで絞り込みができます。経営者でかつビジネス書を書いているとなると、参加メンバーのレベルが高くなります。

新たにこのセグメントの人を誘ってもらい、ネットワークが広がり、さらにビジネスが始まったりしてきました。そこに出版社やメディアの人にも参加してもらい、そこでの交流から取材されたり、新しい本ができるというケースもあります。

また、もう一つ「同年代生まれの上場企業経営者の会」というものを主催しています。同じような年代で、同じ上場企業の経営者ということになると、メンバーの意識も高く、また、一緒におもしろいことをやっていきたいという思いも共通しています。それでお互いに貢献しあって、人を紹介したりするので、一のチームが一〇の価値を生むようなケースが多いのです。

これから伸びる人が集まっていれば、お互いに自分が持っているリソースを紹介しあって、人が人を紹介し、情報を共有しあったりすることで、そこから新たなアイデアやビジネスが生まれてくるかもしれません。一対一ではなく、一対多になることで、一挙に広がりが出てくるのです。しかも、セグメント化されたメンバーの集合ですから、会そのものにも価値が出てきます。

こうしたネットワークは生き物なので、有機的に成長していくのです。これは想像以上に拡大します。気づいたらとてもパワフルな集団になっている可能性があります。

このように、自分が情報発信者となって、志向の同じ人たちに限定して会を主催することは、参加者全員にメリットをもたらし、パワフルなコネクションを生み出します。これは人脈のレバレッジをかける際、非常に重要な資産になります。

なお、会を主催するときに重要なのが、会の前に参加者がお互いを紹介し、どういう人が参加しているかがわかるようコントリビューションする準備をしておくことです。会を主催しても自己紹介と名刺交換だけで話が終わってしまうケースは多く、それでは時間が無駄になってしまいます。

わたしの経験では、帰宅してから名刺を見て、「こんなことをやっている人ならこんなコントリビューションができたのに」「一緒におもしろい企画を動かせたのではないか」などと思ったことがあります。とはいえ、相手も予定が詰まっている人が多いので、再び会うチャンスをつくるのはそう簡単なことではありません。

そこで、事前の準備が必要になります。**会ったその場で相手のことを知っているという状況をつくるのが主催者の仕事です。**具体的には、メールなどで参加者名とプロフィール、その人のホームページや著作を紹介しているサイトのURLを全員に配信しておきます。そうすることで、より意味のある会を催すことができます。会ったときに、すでに何を貢献するかを考えておけるなど、コントリビューションの準備ができるからです。あの人を紹介しよう、あの本を紹介しようとあらかじめ考えるようになるのです。

事前情報がないと、出会った後に貢献内容がわかることになるので、もう一度会う機会が必要になります。しかし、あまりバリューのある話ができなかった人と二度目の機会をつくるのはなかなか難しいものです。一期一会のつもりでコントリビューションする気持ちが大切なのです。

自分のブランディングを行う

相手を知っておくことは、一対一で会う場合にも重要なことです。

わたしの場合、相手が経営者であればその会社のホームページを熟読しますし、著作があれば当然のことながらすべて読破します。本は究極の「自分メディア」なのです。事前準備に時間をかけるわけですが、そのことが質の高い面談を生み出します。

反対に、自分のことも知っておいてもらう必要があります。自己紹介は意外に面倒だと感じる人も多いでしょう。また自己紹介の時間は、有益な時間とはいえないかもしれません。

「○○会社の○○部の○○です。こんな仕事をやっています」と、自己紹介からスタートすると、自分のパーソナリティを知ってもらうことだけに、会の半分の時間を費やしてしまうでしょう。そうなると多くの出席者と話すことができません。相手が事前に知っていてくれれば、お互い話も早くなります。

また、こんな貢献ができますと相手に伝えても、自分のことを理解しておいてもらわないと、話が進みにくいものです。

そこで**パーソナルブランドをつくることが大切になります**。ブランドというと、普通は企業がつくるものと考えられています。

企業がブランドをつくるのは顧客からライバルでなく自社を選んでもらえるなど、ビジネス上の効果が大きいからです。ブランド構築とは立派なロゴやキャッチコピーを、お金をかけてつくることだけを意味するわけではありません。

周りが自分に対して抱くイメージを構築し、仕事に結びつける行為は、すべてブランディングの一環です。同様に、その他大勢とは違う何かをつくりあげ、ビジネスを成功に導くにはブランドは必須です。ブランドは、より少ない費用と労力で優良な顧客（人脈）を手に入れ、周囲への影響力を上げます。そういう意味では、まさにDMWLなのです。

パーソナルブランドはますます重要性を増しています。その具体的な方法は、米国のパーソナルブランド・コンサルタントのカリスマといわれるピーター・モントヤがまとめた『パーソナルブランディング』（東洋経済新報社）が参考になると思います。

なかでも、デザインは個人ブランド形成にとって大変重要であると思います。たとえば、名刺やウェブのデザインに投資したり、また、オフィスのイメージづくりも一つです。わたしのオフィスはラウンジとして、人が集えるような空間にしています。仲間やビジネスでのパートナーが気軽に集まってくつろげるようにしており、主催する会の会場などにも利用しています。

このように、パーソナルブランドを構築するためには、練りに練った戦略と大いなる努力が必要です。しかし、一度パーソナルブランドができてしまえば、それに共鳴する人が近づいてきてくれることもあります。

マインドの高い集団で伝染する

そもそも人脈はなぜ必要なのでしょうか。自分の会社の人としかつきあいのない人がいます。飲みに行くのは会社の同僚、それも同じ部署のごく限られた人、というようなケースです。この場合、人脈について、マイナスのレバレッジがかかる可能性があります。毎日つきあっている人が、マインドが低い場合、いつの間にか自分のマインドも低くなってしまうことが多いのです。

たとえば、始終会社の愚痴を言うことに時間を費やしたりしていると、マイナスのレバレッジがかかってしまいます。成長がないだけでなく、自分のマインドがどんどん下がります。特に自分の気持ちがマイナスに振れているときは、マイナスの考えの人に共鳴してしまうので注意が必要です。**会社の業績が悪くなると、マイナス思考の人が増え始めて、そこで価値観を共有することがあります。**

社内の人とつきあう場合、自分のマインドが確定していないと、良くもなるし悪くもなります。**組織に属している人は、何があってもやる気の高い二〇%、どちらにでも傾く中間の六〇%、何があってもやる気の低い二〇%で構成されています。**

中間の六〇%はどちらにも振れます。会社の業績が良いときは、上位の二〇%の意見が強くなり、中間の六〇%もそれに引っ張られて、会社全体が良くなります。反対に、会社の業績が悪くなると、マインドの低い二〇%の意見が正しいと感じられ、中間の六〇%もそちらに引きずられて、会社全体の雰囲気が悪くなります。マインドの低い人たちが経営陣に対する批判をすることが正しく聞こえたり、自分に合っていると感じることもあるでしょう。

特に若い頃は、経営陣に対してネガティブな評論をする人が、正しい意見の持ち主と感じることが多いのです。そういうときには、外に出てみることが必要です。世間は広いのです。その人たちが社内ではマインドが高い集団だと思っていても、それが世間一般のマインドの高さと比べて、どのくらいなのか疑問を持つべきでしょう。

自分よりマインドの高い人、マインドの高いネットワークに加わることによって、それに影響され、自分のマインドも上がります。逆にマインドの低いネガティブな集団にいると、自分のマインドもマイナスに傾きます。

マインドの高い集団にいると、さらにその集団のマインドを超えた人との出会いもあり、もっと勉強しなくては、と痛感します。もっと向上しようという意識が生まれてきます。だから、高いマインドや意識の人とつきあうことはとても大切なことです。

たとえば、水泳のトレーニングを一人で行った場合、タイムアップするのが難しいのですが、自分よりタイムの早い人と練習すると引っ張られるようにタイムアップするのです。

また、わたしはランチミーティング、ディナーミーティングでお会いする人は、マインドの高い人と決めています。これは工夫次第で会社勤めの人でもできるでしょう。

昼食、夕食は一人で食べない、社内の人と食べない、なるべく高いマインド・意識の人と食事をするというルールを自分の中でつくります。そして、そうした人との時間を大切にするとよいでしょう。これは良い投資となります。また、食事をしながら人と会うという二毛作でもあります。

毎日これができれば、一週間で一〇人と話ができます。一カ月で四〇人、延べで一年に換算すると五〇〇人ほどになります。これだけの人数と出会っていれば、有益な情報も入ってきますし、上には上がいることがよくわかり、もっと頑張ろうという刺激を受けますし、いずれ必ず何かを生み出すはずです。

一人もしくは社内の人と食事をすると、単なる食事で終わってしまうことが、意識の高い外部の人と出会うことで、大きな人脈資産となるのです。

他人の力にレバレッジをかける

人脈のレバレッジとして、人とのつながりを持つことの重要性をお話ししてきましたが、もう一つ重要なのは、他人の力を借りるという発想です。他人といっても、主にプロフェッショナルな人のことを指します。

プロフェッショナルの役割はペースメーカー、フィードバックです。

第4章「知識のレバレッジ」でお話ししたように、ビジネス書に書かれたノウハウや他者の前例を学ぶことによって仕事のレベルは確実に上がるでしょう。ですが、本当にうまくいっているかどうかは、ときどきプロや熟練者からフィードバックしてもらうとよいでしょう。良いノウハウやスキルを学んでいく過程で、熟練者からのフィードバックは大切になります。これによって軌道からずれていないかを確認することができます。

たとえば、プロゴルファーには必ずコーチがついています。タイガー・ウッズにはブッチ・ハーモンというコーチがいました。ハーモンはその価値が世界から認められているゴルフコーチのプロであり、ウッズは彼のことを尊敬していました。

プロゴルファーは、ときどきコーチに見てもらい、スイングのチェックをしてもらいます。それによって悪い点を修正します。そうしたフィードバックを行います。**もしフィードバックをもらっていないと、間違った方向に努力し続ける可能性もあります。**するとスイングを崩して、スコアが伸びないということもあるでしょう。

ゴールドマン・サックスのリーダー養成担当のスティーブ・カーは、仕事に対するフィードバックがないのは、「ピンの見えないレーンでボウリングをやるようなものだ」「結果を把握しないで仕事をしていると、二つのことが起こる。一つには上達しない。もう一つに、どうでもよくなる」（『フォーチュン』二〇〇六年一二月号）と、話しています。

わたしにとってもパーソナルトレーナーの存在はとても大きいものです。

筋力トレーニングを行う際、パーソナルトレーナーからもらうアドバイスはとても重要です。自分の知識だけで筋力トレーニングを行うと、目的からずれた鍛え方になってしまうことがあります。同じ水泳でも、自由形の選手に必要な筋肉と、平泳ぎの選手に必要な筋肉は違います。勝手にトレーニングしていると、間違った筋肉を鍛えてしまうことになり、タイムは上がりません。その点でも、途中でフィードバックを受けることはとても重要な意味を持ちます。

また、自分一人でジムトレーニングする場合、適切な負荷をかけないと筋肉はつきませんが、よほどストイックな人でない限り、自分を追い込むことはなかなかできません。軽いウエートでも自分では重いと思い込み、充実感を得たりします。それでは筋肉は増えません。

つまり、成果が上がっていないということです。本当はもっと重いウエートでトレーニングすべきなのに、自分ではこれ以上は上げられない、限界だと判断してしまうことがあります。そんなときにパーソナルトレーナーがいると、適切なアドバイスにより効果的なトレーニングができます。

パーソナルトレーナーはペースメーカーの役割を果たしてくれます。モチベーションを高めてくれるケースもあります。

わたしのトレーナーは山本ケイイチさんといい、数多くの経営者を担当しています。山本さんはふだんからビジネス書を多読し、スポーツ理論とビジネスの知識を融合させ、トレーニングとビジネスで成功するための共通点など、実に示唆に富んだ話をしてくれます。

たとえば、「ビジネスでもうまくいく人は、目標を持って習慣的にトレーニングしています」「ビジネスでうまくいく人は投資がうまいのです。自分一人でもトレーニングをできないことはないのでしょうが、有効に時間を使って高い成果を得ようとするためにトレーナーをつけるのです」などと、インターバルの間に話をしてくれるので、わたしも勉強になっています。

これはビジネスでも同様です。パーソナルトレーナーから、目的を実現するためのノウハウ、間違った方向に進んでいないかという修正、成長のスピードなどのアドバイスをもらうことで成長はより着実なものとなります。たとえば、自分が現在行っている営業手法について、上司やうまくいっている営業マンに聞いてもらう。プレゼンテーションでも、自分のやり方が良いのかどうかを聞くなどです。

このようにアドバイザーを見つけ、フィードバックをもらえる体制をつくっておくと、仮に悪い方向に進んでいたとしたら、そこで修正できるので、大失敗するまで気づかないということがなくなります。

アドバイザーに完全に依存してはいけないのですが、意思決定は自分に留保しておき、定期的に見てもらうことで、自分の方向が間違っていないかを確認します。パーソナルトレーナーという発想で、フィードバックをしてくれるアドバイザーをつくることはとても有益なのです。

経験者・実践者をアドバイザーにせよ

パーソナルトレーナーは身近にいることがベストですが、そうでない場合は、セミナーや通信教育でもよいでしょう。自分が理想とするセミナー講師に定期的に会い、質問をすることによって、同じ効果を得られます。また、通信教育では課題を提出すると必ずレスポンスがあります。それはフィードバックなのです。

ただし、アドバイザーの人選には気をつける必要があります。アドバイザー選びの基準は実践の経験を持っているかどうかです。

多くの人が、身近な人や一見詳しそうな人にアドバイスを求めるでしょう。しかし、そうした人が良いアドバイザーとは限りません。身近な人が専門知識もないままに、わかったようなことを言うケースは多いのです。アドバイザー選びに失敗すると、適切なアドバイスがもらえず、悪い方向に進む可能性があります。

たとえば、飛行機の操縦訓練を受ける際に、飛行機に関する知識は膨大であるものの実際に操縦したことのない人にアドバイスを受けたとしたらどうでしょう。その人は実地の知識もないのに、これまでの本などで得た知識から誤ったアドバイスをすることもあるでしょう。聞いたほうも間違った方向に進んでしまう可能性があります。

あるいは、投資経験のないＦＡ（ファイナンシャル・アドバイザー）に一〇億円の投資のアドバイスを求めることは大変危険なことです。

転職を考えているときに、転職経験のない人のアドバイスを受けても意味はありません。友だちとして相談に乗ってもらうのならよいでしょうが、アドバイスを求めるなら経験者に経験に基づいた意見をもらうべきです。

こうした経験に基づいた意見は大いに参考になるはずですが、逆に、実践したことのない人が言う評論家的な意見はあなたの進路を間違って誘導してしまうおそれもあるのです。

ですから、アドバイザー選びには労力をかける必要があります。友人や身近にいる詳しそうな人にアドバイスを求めるケースは多いのですが、**その人が意見として言っているのか、実践した知恵として言っているのかは見極める必要があるでしょう。**

第5章 まとめ

- 人脈によってレバレッジがかかると、自分一人で出せる成果の何倍もの大きな成果を生み出すことができる。
- 基本はコントリビューション。相手にどんなバリューを提供できるかにある。
- 人脈づくりは五年、一〇年、二〇年といった長期スパンで考える。
- 人脈ができたら、次々につないでいくことで、レバレッジ・ネットワークができあがる。メンバー全員にレバレッジがかかるようになる。こうしてつくられたネットワークは有機的に成長していく。
- 自分自身で会を主催することで、パワフル・コネクションを構築する。参加者全員にメリットがあるようなセグメント化された場であることが大切。
- 自分のことを理解してもらう最良の方法はパーソナルブランディングにある。
- マインドの高い、これから伸びていきそうな人とのネットワークを築く。集団の中でお互いに影響しあうと、自分のマインドも上がり、お互いにレベルアップする。
- 本当にうまくいっているかどうか、プロや経験者・実践者をアドバイザーにする。間違った方向に進まないよう、アドバイザー選びには細心の注意を図る。

人脈のレバレッジ

キース・フェラッジほか『一生モノの人脈力』
ランダムハウス講談社

米国の人脈本で最もおすすめの*Never Eat Alone*の翻訳。人脈作りは何より大切なビジネススキル、生活スキルであり、輝かしい学歴も経歴も良い人脈にはかなわない。一生涯続く人脈資産を構築するためのノウハウが満載。

トム・ピーターズ『ブランド人になれ!』
阪急コミュニケーションズ

人脈を構築するのに不可欠なスキルであるパーソナルブランディング。自分の名前をブランドにすることで、人脈構築スピードにレバレッジをかける。新しい経済の基本単位は、会社から個人になるというこれからの時代に必須の一冊。

ピーター・モントヤほか『パーソナルブランディング』
東洋経済新報社

米国No.1カリスマ・パーソナルブランド・コンサルトがその構築のノウハウをマニュアルとしてまとめた必携バイブル。より少ない労力で優良顧客を手に入れ、ライバルに打ち勝ち、莫大な収入をもたらす秘訣を紹介。

知識のレバレッジ

勝間和代
『無理なく続けられる年収10倍アップ勉強法』
ディスカヴァー21

年収を新卒時からの16年間で10倍にした著者が、知識を効率的に身につけ、実践する仕組みを紹介。勉強で最も大事なのは、内容そのものではなく、うまく続かせる仕組み作り、意識作りであると説く。

スチーブ・リブキンほか『アイデアをいただいてしまえ!』
ダイヤモンド社

知識にレバレッジをかける最も効率的な方法は、既存の優れたアイデアを探し出し、それを自分の問題解決につながるよう応用することだ。拝借したアイデアを自分のものにし、継続的にアイデアが生み出せる方法を紹介。

本田直之『レバレッジ・リーディング』
東洋経済新報社

ビジネス書にレバレッジをかける訓練不要の実践ノウハウ。本の選び方、書評とのつきあい方、書店の利用法、時間術、実践に活かすための読書後の活用法など。おすすめブックリスト付き。

時間のレバレッジ

粂和彦『時間の分子生物学』
講談社現代新書

時間の固定費の最も多くを占める睡眠時間。この睡眠のメカニズムと生物時計を研究し、臨床医として睡眠障害の外来を担当する著者が説く。睡眠を科学的に知ることで最大限に効率化することが可能になる。

西野浩輝『仕事ができる人の「段取り」の技術』
東洋経済新報社

時間のレバレッジの基本である最短距離を実現するための段取りのノウハウを説く。業務、時間、情報、人間関係の4つの領域に分けて、実践に基づいた段取りの技術をわかりやすく解説。

本田直之『レバレッジ時間術』
幻冬舎新書

時間にレバレッジをかけるためには時間資産を増やすことが不可欠だ。スケジューリング、ToDoリスト、睡眠、すき間時間活用法など最小の努力で最大の成果を上げる「時間投資」のノウハウが満載。

レバレッジ・シンキング　おすすめブックリスト12

労力のレバレッジ

石田淳『「続ける」技術』
フォレスト出版

継続力は労力にレバレッジをかけるのに不可欠である。3日坊主でなぜ続かないのか、という誰しも持っている課題を改善する。人間の行動に着目した科学的マネジメントスキルを応用した続け方の技術を紹介。

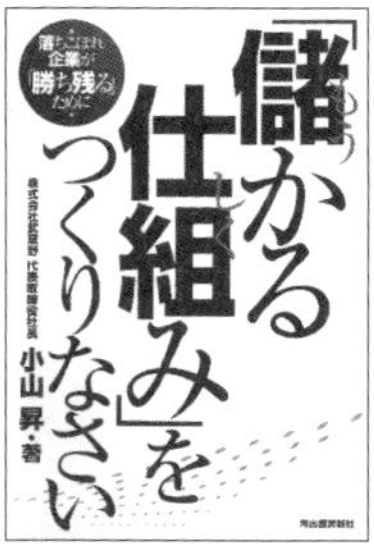

小山昇『「儲かる仕組み」をつくりなさい』
河出書房新社

労力のレバレッジの企業経営版。10年にわたって増収・増益を達成し続けている企業の経営者が実践に基づいた経営秘訣を明かす。人材教育、ITなどで仕組みを作り上げることで、「儲かる仕組み」ができあがるノウハウを紹介。

築山節『脳が冴える15の習慣』
NHK新書

労力にレバレッジを効率的にかけるために必要な脳科学。脳の使い方が間違っているために仕事がうまくいかなくなっている状態に対し、脳神経外科医である著者が長年の研究に基づき、すぐ実行できる有効な15の習慣を提案。

時間のレバレッジ		逆行	順行
		俯瞰	目の前
		時間制限	無制限
		予定が詰まる	忙しい
		天引き	余ったもの
		科学的睡眠	何となく睡眠
		15分昼寝	長時間昼寝
		固定時間削減	変動時間削減
		段取り	思いつき
		効率化	労働時間増やす
		時間リッチ	時間貧乏
知識のレバレッジ		マニュアル熟読	マニュアル無視
		勉強方法	勉強そのもの
		早起き早寝	遅寝遅起き
		1から100	0から1
		応用	発明
		ノウハウから学ぶ	暗黙知から学ぶ
		自分と似たタイプをまねる	自分と違うタイプをまねる
		テクノロジー	アナログ
人脈のレバレッジ		コントリビューション	ギブアンドテイク
		貢献	依頼
		ターゲットを絞った会	異業種交流会
		パーソナルブランディング	自己紹介
		ポジティブ習慣伝染	ネガティブ習慣伝染
		実践者のアドバイス	教育者のアドバイス
		長期的つきあい	短期的つきあい
		社外人脈	社内人脈

レバレッジ・シンキング　チェックリスト50

※このリストの使い方
左側のレバレッジ・シンキング的に考えられているかをまず確認してください。できてないものを無意識的・習慣的に考えられようになるまで、常にこのリストを持ち歩き、頭にすり込めるよう活用してください。

	チェック✔	レバレッジ・シンキング	今までの考え方
レバレッジ・シンキングの基本		不労所得的	労働所得的
		アクティブ	パッシブ
		レバレッジワーク	ハードワーク
		1:∞	1:1
		投資	消費
		DMWL	労働時間＝成果
		要領よい	要領悪い
		成果	プロセス
		目標明確化	目標なし
		練習十試合	試合のみ
		自分の責任	他人の責任
		自分でコントロール	他人がコントロール
労力のレバレッジ		再現性	単発
		仕組み化	毎回考える
		チェックリスト	思いつき
		ルーチン	その都度
		無意識化	意識的
		習慣化	意識的
		重要な20%	重要でない80%
		二毛作	一毛作
		余裕がある	いっぱいいっぱい
		成果給	時間給
		KSFのみ	全部

著者紹介

レバレッジコンサルティング株式会社代表取締役社長兼CEO.
シティバンクなどの外資系企業を経て，バックスグループの経営に参画し，常務取締役としてJASDAQへの上場に導く.
現在は，日米のベンチャー企業への投資事業を行うと同時に，少ない労力で多くの成果を上げるためのレバレッジマネジメントのアドバイスを行う.
日本ファイナンシャルアカデミー取締役，コーポレート・アドバイザーズ・アカウンティング取締役を兼務.
ハワイに拠点を構え，年の半分をハワイで過ごす.
著書にベストセラーとなった『レバレッジ・リーディング』（東洋経済新報社）と『レバレッジ時間術』（幻冬舎新書），訳書に『パーソナルブランディング』（東洋経済新報社）がある.
明治大学商学部産業経営学科卒．サンダーバード国際経営大学院経営学修士（MBA）.
日本ソムリエ協会認定ワインアドバイザー.
ホームページ：http://www.leverageconsulting.jp
E-mail：info@leverageconsulting.jp

レバレッジ・シンキング

2007年7月12日　第1刷発行
2007年8月17日　第4刷発行

著　者　本田《ほんだ》直之《なおゆき》
発行者　柴生田晴四

〒103-8345
発行所　東京都中央区日本橋本石町1-2-1　東洋経済新報社
電話　東洋経済コールセンター03(5605)7021　振替00130-5-6518
印刷・製本　東洋経済印刷

Printed in Japan　ISBN 978-4-492-04280-9　http://www.toyokeizai.co.jp/